Birgit Lascho

Moderne Übungsdiktate

Altersgemäße Texte mit binnendifferenzierten Aufgaben

7.–10. Klasse

Persen Verlag

Die Autorin:

Birgit Lascho arbeitet als Lehrkraft für die Fächer Deutsch, Geschichte, Sozialkunde und Englisch an einer hessischen Gesamtschule.

Gedruckt auf umweltbewusst gefertigtem, chlorfrei gebleichtem und alterungsbeständigem Papier.

1. Auflage 2012
© Persen Verlag GmbH, Buxtehude

2. Auflage 2013
© Persen Verlag
AAP Lehrerfachverlage GmbH, Hamburg
Alle Rechte vorbehalten

Das Werk als Ganzes sowie in seinen Teile unterliegt dem deutschen Urheberrecht. Der Erwerber des Werkes ist berechtigt, das Werk als Ganzes oder in seinen Teilen für den eigenen Gebrauch und den Einsatz im Unterricht zu nutzen. Die Nutzung ist nur für den genannten Zweck gestattet, nicht jedoch für einen weiteren kommerziellen Gebrauch, für die Weiterleitung an Dritte oder für die Veröffentlichung im Internet oder in Intranets. Eine über den genannten Zweck hinausgehende Nutzung bedarf in jedem Fall der vorherigen schriftlichen Zustimmung des Verlages.

Illustrationen: Julia Flasche
Satz: Satzpunkt Ursula Ewert GmbH, Bayreuth

ISBN 978-3-403-23002-1

www.persen.de

Inhaltsverzeichnis

1. **Vorwort** 4

2. **Welche Diktatformen kommen vor?** 6

3. **Methodentraining „Fehler erkennen"** 8
   Wortbildumrandung 8
   Silbenzergliederung 9
   Lösungen 10

4. **Methodentraining „Richtig zuhören"** 11
   Ein Endungsfallendiktat durchführen 11
   Lösungen 12

5. **Übungsdiktate** 13
   5.1 Groß- und Kleinschreibung 14
      5.1.1 Satzanfänge, Namen und Wörter mit Artikel 14
      5.1.2 Wörter mit den Endungen „-heit", „-keit", „-ung", „-nis" und „-tum" 15
      5.1.3 Substantivierung mit Artikel, Artikel und Präposition sowie mit Indefinitpronomen 16
      5.1.4 Die Schreibung von Anredepronomen und den dazugehörigen Possessivpronomen 17
      5.1.5 Schreibung von Zeitangaben 18
   5.2 Getrennt- und Zusammenschreibung 20
      5.2.1 Adjektiv und Verb 20
      5.2.2 Adjektiv und Partizip 21
      5.2.3 Straßennamen 22
   5.3 S-Schreibung 23
      5.3.1 Wörter mit „s" – „ss" – „ß" 23
      5.3.2 „das" – „dass" 25
   5.4 Ähnliche Konsonanten 27
      5.4.1 „b/p", „d/t", „g/k" 27
      5.4.2 „end-" oder „ent-" 28
      5.4.3 „-ig", „-lich", „-isch" 29
      5.4.4 „f" oder „v" 31
   5.5 Gleichklingende Vokale 33
      5.5.1 „e" oder „ä" 33
      5.5.2 Wörter mit „eu" und „äu" 34
      5.5.3 „i", „ie", „ieh", „ih" 36
      5.5.4 „wider" oder „wieder" 37
   5.6 Kurze Vokale (Schärfung) / Konsonantenverdoppelung 38
   5.7 Fremdwörter 40
      5.7.1 Fremdwörter mit „th" 40
      5.7.2 Fremdwörter mit „rh" 41
      5.7.3 Fremdwörter mit „ph" 42
   5.8 Lösungen 43

6. **Abschreibdiktate für Lernende mit verstärktem Übungsbedarf zur Binnendifferenzierung** 49
   6.1 Groß- und Kleinschreibung 50
      6.1.1 Satzanfänge, Namen und Wörter mit Artikel 50
      6.1.2 Wörter mit „-heit", „-keit", „-ung", „-nis" und „-tum" 51
      6.1.3 Substantivierungen mit Artikel, Artikel und Präposition sowie mit Indefinitpronomen 52
      6.1.4 Die Schreibung von Anredepronomen und den dazugehörigen Possessivpronomen 53
      6.1.5 Die Schreibung von Zeitangaben 54
   6.2 Getrennt- und Zusammenschreibung 55
      6.2.1 Adjektiv und Verb 55
      6.2.2 Adjektiv und Partizip 56
      6.2.3 Straßennamen 57
   6.3 S-Schreibung 58
      6.3.1 Wörter mit „s" – „ss" – „ß" 58
      6.3.2 „das" – „dass" 59
   6.4 Ähnliche Konsonanten 61
      6.4.1 „b/p", „d/t", „g/k" 61
      6.4.2 „end-" oder „ent-" 62
      6.4.3 „-ig", „-lich", „-isch" 63
      6.4.4 „f" oder „v" 64
   6.5 Gleichklingende Vokale 65
      6.5.1 „e" oder „ä" 65
      6.5.2 Wörter mit „eu" und „äu" 66
      6.5.3 „i", „ie", „ieh", „ih" 67
      6.5.4 „wider" oder „wieder" 68
   6.6 Kurze Vokale (Schärfung) / Konsonantenverdoppelung 69
   6.7 Fremdwörter 70
      6.7.1 Fremdwörter mit „th" 70
      6.7.2 Fremdwörter mit „rh" 71
      6.7.3 Fremdwörter mit „ph" 72
   6.8 Lösungen 73

7. **Fehlerdiktate für Rechtschreibprofis** 81
   7.1 Groß- und Kleinschreibung 81
   7.2 Getrennt- und Zusammenschreibung 83
   7.3 S-Schreibung 84
   7.4 Ähnliche Konsonanten 85
   7.5 Gleichklingende Vokale 86
   7.6 Kurze Vokale 87
   7.6 Fremdwörter mit „th", „rh" und „ph" 88
   7.7 Lösungen 89

8. **Literatur** 93

Vorwort

Trotz aller Bemühungen von Kritikern, das Diktat aus deutschen Klassenzimmern zu verbannen, konnte es sich bis heute in der Schulpraxis behaupten. So werden in vielen Bundesländern noch immer Diktate als Klassenarbeiten geschrieben, um die Rechtschreibfähigkeiten der Lernenden abzutesten. Deshalb haben auch Übungsdiktate als Vorbereitung auf den Ernstfall noch ihren festen Platz im Deutschunterricht, zumal sie auch einfach so, ohne eine anstehende Klassenarbeit, zum Einüben von Rechtschreibphänomenen im Unterricht Verwendung finden. An manchen Schulen werden darüber hinaus auch bestimmte Formen von Übungsdiktaten in LRS-Förderkursen eingesetzt. Diktate sind also nach wie vor bedeutsam im Deutschunterricht.

Dabei ist jedoch zu betonen, dass in den letzten Jahren die Verwendung der klassischen Form des Diktats als Übungsdiktat rückläufig ist und sich die Forderung nach abgewandelten Formen von Übungsdiktaten verstärkt hat, da das herkömmliche Diktat zwar zum Abprüfen von Fähigkeiten und zur Diagnose von Fehlerschwerpunkten geeignet ist, jedoch nicht zum Einüben von Rechtschreibphänomenen. Denn beim herkömmlichen Diktat prägen sich die Lernenden das Wort nicht durch Anschauen und anschließendes Aufschreiben ein, sondern sie schreiben es nach Gehör auswendig auf. Die Kenntnis der richtigen Schreibweise wird dabei jedoch schon vorausgesetzt. Deshalb sind zum Einüben und zur Festigung von Rechtschreibphänomenen modifizierte Diktatformen sinnvoller, bei denen die Lernenden sich die richtige Schreibweise zunächst durch Rechtschreibstrategien wie Ableiten, Verlängern, eine Rechtschreibregel anwenden oder sich das Wortbild einprägen, erschließen und das Diktat erst dann, auf welche Art auch immer, aufschreiben. Auf diese Weise können die Lernenden leichter zu einem Erfolgserlebnis geführt werden, was sich positiv auf die Übungsmotivation der Lernenden auswirken kann, die normalerweise wenig begeistert auf Diktate reagieren. Denn welche Lehrkraft kennt das nicht, dass die Lernenden aufstöhnen und entgeistert zur Decke sehen, wenn das Wort „Diktat" fällt?

Bisher gibt es für die Sekundarstufe I jedoch noch keine Sammlung mit modifizierten Übungsdiktaten. Das trifft vor allem den Bereich der Klassenstufen 7 bis 10. Der vorliegende Kopiervorlagenband soll hier Abhilfe schaffen: mit Materialien, die Jugendliche zum Diktatschreiben motivieren.

Geboten werden modifizierte Diktatformen wie das Laufdiktat, Partnerdiktat, Tandemdiktat, Tandemlückendiktat, Tandemreißverschlussdiktat und Wendediktat, die für methodische Abwechslung bei Übungsdiktaten sorgen können. Mit den Partnerdiktaten und den drei verschiedenen Formen von Tandemdiktaten werden den Lernenden dabei auch kooperative Lernformen ermöglicht, die gegenwärtig von der Fachdidaktik favorisiert werden, um die Selbstverantwortung der Lernenden zu stärken.

Bei der Auswahl der Diktatformen wurde dabei auf Funktionalität Wert gelegt. Alle Diktatformen sind für die Jugendlichen leicht verständlich und lassen sich so ohne Probleme in der Praxis umsetzen.

Um den Lehrenden und Lernenden den Umgang mit den abgewandelten Diktatformen zu erleichtern, werden diese im Anschluss an das Vorwort kurz erläutert. Zum besseren Verständnis der Diktatformen für die Lernenden besteht dabei die Möglichkeit, den Lernenden eine oder alle Erklärungen zu kopieren und auszuhändigen.

Neben den Diktattexten enthalten die einzelnen Arbeitsblätter zur besseren Orientierung der Jugendlichen immer einen Merkkasten mit der betreffenden Regel für das ausgewählte Rechtschreibphänomen sowie fast immer eine kleine vorbereitende Aufgabe, bei der die Rechtschreibregel vor dem Schreiben des eigentlichen Diktats noch einmal angewandt werden muss. Funktionale Verrätselungen sollen dabei die Übungsmotivation der Jugendlichen verstärken. Auf diese Weise gehen die Arbeitsaufträge bei den angebotenen Materialien über das bloße Ab- und Aufschreiben von Diktaten hinaus.

Bei den in dem Kopiervorlagenband enthaltenen Diktattexten ist herauszustellen, dass bei allen Texten inhaltlich versucht wurde, für Jugendliche interessante Themen auszuwählen. Auf diese Weise soll das Interesse der Jugendlichen für den Diktattext geweckt werden, um sie zum Schreiben des Textes zu motivieren.

Vorwort

In Bezug auf die angebotenen Rechtschreibphänomene ist zu betonen, dass hier bewusst typische Fehlerschwerpunkte von Jugendlichen ausgewählt wurden, um ein zielgerichtetes Üben zu ermöglichen.

Eine weitere wesentliche Besonderheit der vorliegenden Übungsdiktatesammlung stellt das Angebot von binnendifferenzierten Diktatversionen dar. Neben der normalen Diktatversion, die für Lernende mit mittlerem Leistungsniveau gedacht ist, gibt es von jedem Diktat noch eine differenzierte Diktatversion, die für Lernenden mit verstärktem Übungsbedarf konzipiert ist. Dabei wurde in der Regel nicht nur die Länge gekürzt, sondern der Diktattext wurde auch vereinfacht oder durch vorentlastende Übungen vom Schwierigkeitsgrad her verringert. Es wurde also eine quantitative und qualitative Binnendifferenzierung vorgenommen. Zudem wird zu jeder Fehlerkategorie noch jeweils ein Diktat für leistungsstarke und fortgeschrittene Lernende angeboten, in welchem diese Fehler identifizieren und verbessern müssen. Diese Diktate können entweder besonders leistungsstarken Lernenden zum Üben gegeben werden oder die Diktate können bei fortgeschrittenen Lernenden zur Erfolgskontrolle eingesetzt werden. Bevor die Lernenden jedoch die Fehlerdiktate erhalten, sollten sie das betreffende Rechtschreibphänomen einigermaßen sicher beherrschen. Das sei betont, denn ansonsten können die Fehlerdiktate zu größerer Rechtschreibunsicherheit anstatt zu mehr Rechtschreibsicherheit führen. Mit diesen Möglichkeiten zur Binnendifferenzierung soll der gegenwärtigen Entwicklung zum gemeinsamen Lernen hin Rechnung getragen werden, bei der zunehmend verschiedene Schulformen zusammengelegt werden.

Darüber hinaus ist bei den Diktatversionen für Lernende mit verstärktem Übungsbedarf noch zu betonen, dass die Diktate bewusst so konzipiert wurden, dass sie ebenfalls für Lernende mit Lese- und Rechtschreib-Schwierigkeiten (LRS) geeignet sind. Aus diesem Grund wurde bei diesen Diktatversionen auf alle Übungen und Vorgehensweisen verzichtet, die von der didaktischen Forschung für Lernende mit LRS als nicht angemessen betrachtet werden. Denn bei leistungsschwachen Lernenden liegt oft eine LRS vor oder sie befinden sich nahe des Grenzbereichs zu jener, sodass ein solches Vorgehen sinnvoll erscheint. Außerdem besteht so die Möglichkeit, diese Diktatversionen zur LRS-Förderung im Regelunterricht oder auch in speziellen Förderkursen einzusetzen. So arbeiten manche Schulen in den LRS-Förderkursen mit Abschreibdiktaten und dem anschließenden Spiel Wörterbingo. Hierzu lassen sich die Diktatversionen gut einsetzen, weil sie gegenüber Diktaten aus herkömmlichen Diktatsammlungen den Vorteil haben, dass sie für Lernende mit LRS konzipiert sind und der Übungsprozess durch eine weitere Aufgabe zum Rechtschreibübungsschwerpunkt unterstützt wird. So müssen die Lernenden nicht die ganze Zeit nur Abschreiben, sondern es tritt eine Aufgabe hinzu, die motivierend wirkt. Auch die alterangemessenen Texte regen zur Auseinandersetzung mit der Schriftsprache an, denn für den Bereich der LRS-Förderung ab der siebten Klasse mangelt es an altersgerechten Texten und Übungsformen. So zeigt sich in der praktischen Unterrichtsarbeit in LRS-Förderkursen in den höheren Klassenstufen der Sekundarstufe I deutlich, dass das Schwingen nach der Fresch-Methode für Jugendliche ab der siebten Klasse nicht mehr altersangemessen ist.

Um die Selbsttätigkeit und Selbstständigkeit der Lernenden zu unterstützen, werden für alle Diktattexte Lösungen zur Selbstkontrolle angeboten. Außerdem wird der Kopiervorlagenband durch methodische Übungen zur Fehlererkennung mittels Silbenzergliederung und Wortbildumrandung abgerundet, um den Lernenden zu helfen, die Fehler eindeutig zu identifizieren.

Hinzu kommt noch ein methodisches Training zum Zuhören, bei dem die Lernenden diese Fähigkeit mithilfe eines Endungsfallendiktats schulen können. So werden auch die auditiven Fähigkeiten der Lernenden gefördert und deren Aufmerksamkeit für derartige Fehlergefahren bei Diktaten geschärft. Bei Diktaten kommt es bei vielen Lernenden bei den Wortendungen zu Fehlschreibungen, weil die Lernenden der diktierenden Person nicht genau zuhören. Insbesondere für Lernende mit Deutsch als Zweitsprache, denen es oft an dem Wissen um grammatisch korrekte Endungen mangelt, kann ein solches Zuhörtraining eine besondere Hilfe darstellen.

Neben all den genannten Vorteilen bieten sich die vorliegenden Kopiervorlagen auch für Bildungsangebote im außerschulischen Bereich an.

Welche Diktatformen kommen vor?

Abschreibdiktat

So wird es gemacht:
Lege das Diktat vor dir auf den Tisch, sodass du es gut sehen kannst. Schreibe den Text ab. Vergleiche deine Abschrift anschließend sorgfältig mit dem Diktattext und verbessere die Fehler.

Laufdiktat

So wird es gemacht:
Lege oder hänge den Diktattext woanders hin, zum Beispiel auf das Pult, die Fensterbank, an die Tür oder an die Tafel. Merke dir nun den ersten Satz des Diktats oder einen Teil davon. Schreibe ihn an deinem Platz auf. Gehe nun erneut zu dem Diktattext und präge dir das nächste Textstück ein. Schreibe es am Platz auf. Verfahre so lange weiter, bis du das ganze Diktat aufgeschrieben hast. Vergleiche deinen geschriebenen Text anschließend sorgfältig mit dem Diktattext und verbessere die Fehler.

Partnerdiktat

So wird es gemacht:
Sucht euch eine Partnerin oder einen Partner und diktiert euch gegenseitig den Diktattext nacheinander. Korrigiert danach eure Diktattexte gegenseitig, indem ihr die Texte sorgfältig mit dem Diktattext vergleicht und die Fehler verbessert. Anschließend besprecht ihr die Fehler mit eurer Partnerin oder eurem Partner.

Tandemdiktat

So wird es gemacht:
Sucht euch eine Partnerin oder einen Partner, die oder der einen anderen Textbogen hat als ihr. Wer Bogen A hat, muss sich jemanden suchen, der Bogen B hat, und anders herum. Ergänzt nun, wie in der ersten Aufgabe gefordert, in Einzelarbeit die Lücken in eurem Diktattext. Kontrolliert eure Ergebnisse danach jeweils gegenseitig mithilfe der Lösungen, die sich auf dem Bogen eurer Partnerin oder eures Partners befinden. Diktiert euch schließlich jeweils das Textstück, in dem ihr keine Lücken ausgefüllt habt. Korrigiert nun euer Geschriebenes gegenseitig, indem ihr es sorgfältig mit dem Diktattext vergleicht und die Fehler anstreicht. Anschließend besprecht ihr die Fehler mit eurer Partnerin oder eurem Partner.

Welche Diktatformen kommen vor?

Tandemlückendiktat

So wird es gemacht:

Sucht euch eine Partnerin oder einen Partner, die oder der einen anderen Textbogen hat als ihr. Wer Bogen A hat, muss sich jemanden suchen, der Bogen B hat, und anders herum. Diktiert euch nun gegenseitig und nacheinander die Wörter, die in die Lücken in euren Diktattext passen. Dabei diktiert diejenige oder derjenige von euch zuerst, deren/dessen Text zunächst keine Lücken aufweist. Kontrolliert eure Ergebnisse nun jeweils gemeinsam mithilfe der Lösungen, die sich auf dem Bogen eurer Partnerin oder eures Partners befinden. Folgt danach der Arbeitsanweisung und schreibt das Diktat als Lauf- oder Wendediktat. Vergleicht eure geschriebenen Texte anschließend selbst sorgfältig mit dem Diktattext und verbessert eure Fehler.

Tandemreißverschlussdiktat

So wird es gemacht:

Sucht euch eine Partnerin oder einen Partner, die oder der einen anderen Textbogen hat als ihr. Wer Bogen A hat, muss sich jemanden suchen, der Bogen B hat, und anders herum. Diktiert euch nun gegenseitig die fehlenden Sätze. Dabei muss diejenige oder derjenige von euch mit dem Diktieren anfangen, die oder der bei der Überschrift keine Linien hat. Danach müsst ihr dem Reißverschlussprinzip entsprechend nach jedem Satz die Rollen wechseln bis zum Ende des Diktats, das heißt, euch die Sätze abwechselnd diktieren. Kontrolliert nun gegenseitig die Ergebnisse. Nehmt danach ein neues Blatt Schreibpapier und diktiert euch den Diktattext erneut im Reißverschlussprinzip: Jetzt diktiert diejenige oder derjenige den 1. Satz, die/der diesen vorher zuerst schreiben musste. Kontrolliert anschließend zusammen euer gemeinsam geschriebenes Diktat sorgfältig und besprecht die Fehler.

Wendediktat

So wird es gemacht:

Lege den Diktattext offen vor dich auf den Tisch und präge dir den ersten Satz oder einen Teil davon ein. Wende dann das Blatt so, dass die Textseite verdeckt ist, und schreibe den Satz oder einen Teil davon auswendig auf. Wende das Blatt wieder auf die Vorderseite und präge dir das nächste Teilstück des Diktates ein. Verdecke wiederum den Text und schreibe das Teilstück auswendig auf. Gehe nun weiter so vor bis zum Ende des Diktats. Kontrolliere dein geschriebenes Diktat anschließend sorgfältig und verbessere die Fehler.

Methodentraining „Fehler erkennen"

Wortbildumrandung

> **Tipp**
>
> Wenn du bei der Fehlerkontrolle die einzelnen Buchstaben eines Wortes umrandest, kannst du Fehler leichter erkennen. Denn so bekommst du einen besseren Überblick über das Wortbild. So siehst du sofort, ob du die richtige Buchstabenanzahl hast und welchen Raum der Buchstabe einnimmt.
>
> *Beispiele*: Zeltlager, Suppe
>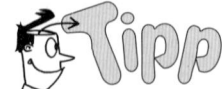

1 **Bei dem Unsinnswort in der oberen Zeile sind dem Schreiber bei der Abschrift in der unteren Zeile einige Fehler unterlaufen. Finde sie durch die Umrandung des Wortbildes heraus und kreise die Stellen ein, an denen sich Falschschreibungen befinden.**

M a n i L u r i n a g i n g b a l l i s u m p a p i

M a N i L u r i g a g i l i a p a l l i d u m p a b i

2 **Kreise die Fehler ein, die der Schreiber in dem unteren Text bei der Abschrift gemacht hat.**

3 **Kontrolliere Aufgabe 1 und 2 mithilfe des Lösungsbogens.**

Warum sich Jugendliche gern einen Nebenjob suchen

Sich durch einen kleinen Nebenjob das Taschengeld etwas aufzubessern,

das ist bei Jugendlichen beliebt. Sie haben so nicht nur mehr Geld in der Tasche,

sondern können auch stolz behaupten, dafür gearbeitet zu haben.

Warum sich Jugendliche gern einen nebenjob suchen

Sich durch einen kleinen Nebenjop das Taschengeld etwas auszubessern,

dass ist bei Jugendlichen beliebt. sie haben so nicht nur mehr geld in der Tasche,

sonden können auch stolz behaubten, davür gearbeitet zu haben.

Methodentraining „Fehler erkennen"

Silbenzergliederung

Wenn du bei der Fehlerkorrektur die Wörter in Silben zergliederst, kannst du leichter fehlende, überflüssige oder falsche Buchstaben erkennen. Die Silben kannst du dabei durch Bögen kenntlich machen, die du unter das Wort zeichnest.

Beispiele: Name, Kanne, wunderschön

1 **Bei dem Unsinnswort unten sind dem Schreiber bei der Abschrift einige Fehler unterlaufen. Finde sie, indem du das Wort mit Silbenbögen untergliederst. Kreise diejenigen Stellen ein, an denen sich Falschschreibungen befinden.**

m i l l i m a m a p u l l i m i n i a t u r u m k a l l e s a p p i

m i l i m a m a p u l i m i n a a t u r u k a l l l e s a p i

2 **Kreise die Fehler ein, die der Schreiber in dem unteren Text bei der Abschrift gemacht hat.**

3 **Kontrolliere deine Ergebnisse mithilfe des Lösungsbogens.**

Unhaltbare Toilettensituation an der Hermann-Hesse-Schule

Über eine unhaltbare Toilettsituation beschweren sich die Schüler und Schülerinnen der Hermann-Hesse-Schule. Denn im Zuge der Sanierungsmaßnahmen an der Schule wurden die Schülertoiletten geschlossen. Als Ersatz wurde der Schülerschaft nur ein Toilettenwagen mit jeweils nur zwei Toiletten für jedes Geschlecht auf den Schulhof gestellt. Deshalb bilden sich in jeder Pause lange Schlangen. Die Schülerselbstverwaltung fordert, die Toiletten vorab zu sanieren.

Unhalltbare Toilettensitution an der Hermann-Hesse-Schule

Über eine unhaltbahre Toilettsituation beschweren sich die Schüler und Schülerinen der Hermann-Hese-Schule. Denn im Zuge der Sanirungsmaßnahmen an der Schule wurden die Schülertoiletten geschloßen. Als Ersatz wurde der Schülerschafft nur ein Toiletenwagen mit jewails nur zwei Toiletten für jedes Geschlecht auf den Schuhlhof gestellt. Deshalb bilden sich in jeder Pause lange Schlangen. Die Schülerselbstverwahltung fordert, die Toiletten vorab zu sanieren.

Lösungen Methodentraining „Fehler erkennen"

Wortbildumrandung, S. 8

Aufgabe 1

M a n i L u r i n a g i n g b a l l i s u m p a p i

M a (N) i L u r i (g) a g i (l i a p) a l l i (d) u m p a (b) i

Aufgabe 2

Warum sich Jugendliche gern einen (n)ebenjob suchen

Sich durch einen kleinen Nebenjo(p) das Taschengeld etwas au(s)zubessern,

da(ss) ist bei Jugendlichen beliebt. (s)ie haben so nicht nur mehr (g)eld in der Tasche,

sonde(rn) können auch stolz behau(b)ten, da(v)ür gearbeitet zu haben.

Silbenzergliederung, S. 9

Aufgabe 1

m i l l i m a m a p u l l i m i n i a t u r u m k a l l e s a p p i

m i l (l) i m a m a p u l (l) i m i n i a t u r u (m) k a l l (l) e s a p (p) i

Aufgabe 2

Un**hallt**barer Toilettensi**tution** an der Hermann-Hesse-Schule

Über eine unhalt**bahre** Toilettensituation beschweren sich die Schüler und Schüle**rinen**

der Hermann-**Hese**-Schule. Denn im Zuge der Sa**nirungs**maßnahmen an der Schule

wurden die Schülertoiletten ge**schloßen**. Als Ersatz wurde der Schüler**schafft** nur ein

Toi**leten**wagen mit je**wails** nur zwei Toiletten für jedes Geschlecht auf den **Schuhl**hof

gestellt. Deshalb bilden sich in jeder Pause lange Schlangen. Die Schülerselbst-

ver**wahltung** fordert, die Toiletten vorab zu sanieren.

Methodentraining „Richtig zuhören"

Ein Endungsfallendiktat durchführen

Fehler bei Diktaten passieren oft auch, weil die Schreibenden nicht genau zuhören. Also hört genau hin, ob es zum Beispiel „Band" oder „Rand" heißt. Gerade am Wortende kann es dadurch zu zahlreichen Fehlern kommen: dem oder den?

1. **Lass dir den Diktattext vom Lösungsblatt von deiner Lehrkraft oder einer anderen Person, die deutlich spricht, diktieren und ergänze die fehlenden Endungen.**

2. **Kontrolliere deine Ergebnisse anschließend mithilfe des Lösungsblattes.**

Straßenbahnverkehr auf der Berlin____ Allee immer noch unterbrochen

Wahrscheinlich noch bis zum morgig____ spät____ Nachmittag wird der Straßenbahnverkehr auf de__ hinter____ Teil der Berlin____ Allee ab der Kastanienstraße in beid____ Richtung____ unterbrochen sein. Deshalb wird der Straßenbahnverkehr der Lin_____ 4 und 6 zwischen der Innenstadt und Laubenheim sicher_____ noch bis zu dies____ Zeitpunkt unterbrochen sein. Wie die Polizei mitteilte, war auf der Strecke an der Kreuzung zu____ Wagnerstraße ein mit Steinen beladen____ Lastwagen mit ein____ der neu____ Niederflurstraßenbahn____ zusammengestoßen. Dabei sprang der vor_____ Teil der aus der Innenstadt kommen_____ Tram aus den Schienen. Da es sich um ein____ neu____ Straßenbahntyp handelt, mit de__ die hies_____ Feuerwehr noch keine Erfahrungen hat, gestaltete sich die Bergung des aus den Schienen gesprun_____ Waggon__ als schwie_____. Denn der hinte____ Teil der quietschgel_____ Tram hatte sich ungüns_____ in den stähler_____ Schienen verkeilt. Die zahlreich____, erschrock_____ Fahrgäste konnten die Straßenbahn jedoch unverletzt verlassen. Auch der Lastwagenfahrer blieb wegen sei_____ hö_____ sitzen_____ Führerhau_____ unversehrt.

 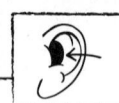

Lösung Methodentraining „Richtig zuhören"

Ein Endungsfallendiktat durchführen, S. 11

Straßenbahnverkehr auf der Berlin**er** Allee immer noch unterbrochen

Wahrscheinlich noch bis zum morgig**en** spät**en** Nachmittag wird der Straßenbahnverkehr auf de**m** hinter**en** Teil der Berlin**er** Allee ab der Kastanienstraße in beid**en** Richtung**en** unterbrochen sein. Deshalb wird der Straßenbahnverkehr der Lin**ien** 4 und 6 zwischen der Innenstadt und Laubenheim sicher**lich** noch bis zu diese**m** Zeitpunkt unterbrochen sein. Wie die Polizei mitteilte, war auf der Strecke an der Kreuzung zu**r** Wagnerstraße ein mit Steinen beladen**er** Lastwagen mit ein**er** der neu**en** Niederflurstraßenbahn**en** zusammengestoßen. Dabei sprang der vor**dere** Teil der aus der Innenstadt kommen**den** Tram aus den Schienen. Da es sich um ein**en** neu**en** Straßenbahntyp handelt, mit de**m** die hies**ige** Feuerwehr noch keine Erfahrungen hat, gestaltete sich die Bergung des aus den Schienen gesprung**enen** Waggon**s** als schwie**rig**. Denn der hinte**re** Teil der quietschgel**ben** Tram hatte sich ungüns**tig** in den stähler**nen** Schienen verkeilt. Die zahlreich**en**, erschrock**enen** Fahrgäste konnten die Straßenbahn jedoch unverletzt verlassen. Auch der Lastwagenfahrer blieb wegen sei**nes** höh**er** sitzen**den** Führerhau**ses** unversehrt.

Übungsdiktate

Groß- und Kleinschreibung 14
    Satzanfänge, Namen und Wörter mit Artikel 14
    Wörter mit den Endungen „-heit", „-keit", „-ung", „-nis" und „-tum" 15
    Substantivierung mit Artikel, Artikel und Präposition sowie
    mit Indefinitpronomen 16
    Die Schreibung von Anredepronomen und den dazugehörigen
    Possessivpronomen 17
    Schreibung von Zeitangaben 18

Getrennt- und Zusammenschreibung 20
    Adjektiv und Verb 20
    Adjektiv und Partizip 21
    Straßennamen 22

S-Schreibung 23
    Wörter mit „s" – „ss" – „ß" 23
    „das" – „dass" 25

Ähnliche Konsonanten 27
    „b/p", „d/t", „g/k" 27
    „end-" oder „ent-" 28
    „-ig", „-lich", „-isch" 29
    „f" oder „v" 31

Gleichklingende Vokale 33
    „e" oder „ä" 33
    Wörter mit „eu" und „äu" 34
    „i", „ie", „ieh", „ih" 36
    „wider" oder „wieder" 37

Kurze Vokale (Schärfung) / Konsonantenverdoppelung 38

Fremdwörter 40
    Fremdwörter mit „th" 40
    Fremdwörter mit „rh" 41
    Fremdwörter mit „ph" 42

Lösungen 43

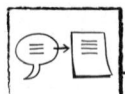

Groß- und Kleinschreibung

Satzanfänge, Namen und Wörter mit Artikel

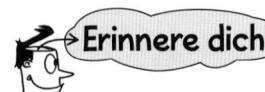 **Erinnere dich**

Satzanfänge, Namen und Wörter mit Artikeln (der, die, das, ein, eine) werden großgeschrieben.
Beispiel: Herr Müller fährt mit dem Fahrrad um die Ecke.

1. In dem Text sind alle Wörter kleingeschrieben. Schreibe den Text als Abschreibdiktat in der richtigen Groß- und Kleinschreibung ab.

2. Kontrolliere deine Lösung anschließend mithilfe des Lösungsbogens.

---

gedanken zur einführung von ganztagsschulen

um die chancengleichheit bei der bildung zu steigern, soll in deutschland die anzahl der ganztagsschulen fortwährend gesteigert werden. denn nur so könne man, wie der bildungsexperte volker klemm bemerkt, die unterschiedlichen voraussetzungen bei der bildung ausgleichen, da mithilfe eines schulischen nachmittagsprogramms auch den jugendlichen, die aus einem bildungsfernen elternhaus stammen, eine art der freizeitgestaltung angeboten werden könne, die bildungsförderlich sei. der erziehungswissenschaftler heiner berlin hebt hervor, dass die jugendlichen so nicht daheim vor dem fernsehgerät säßen und bereits ab der mittagszeit das komplette fernsehprogramm konsumieren würden. stattdessen hätten sie die möglichkeit, sich in der schule sportlich zu betätigen, was der gesundheit der jugendlichen zuträglich sei. sie könnten in einer werk- oder bastelarbeitsgemeinschaft kreativ tätig sein, was die ausdauer, konzentration und das handwerkliche geschick der jugendlichen fördere. andererseits stellt sich aber auch die frage, ob die jugendlichen begeistert sein würden, dass sie nun ein geringeres zeitvolumen für die außerschulischen freizeitaktivitäten und für private verabredungen hätten.

Groß- und Kleinschreibung

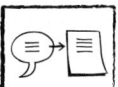

Wörter mit den Endungen „-heit", „-keit", „-ung", „-nis" und „-tum"

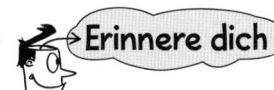

> Wörter mit den Endungen „-heit", „-keit", „-ung", „-nis" und „-tum" werden immer großgeschrieben.
> **Beispiele:** Freiheit, Sauberkeit, Zeitung, Zeugnis, Altertum

1. **In diesem Text sind einige Wörter klein- statt großgeschrieben worden. Finde die falsch geschriebenen Wörter und kreise sie ein.**

2. **Schreibe danach den Text als Abschreibdiktat in richtiger Groß- und Kleinschreibung ab.**

3. **Kontrolliere deinen Text mithilfe des Lösungsbogens.**

Sollten Hausaufgaben abgeschafft werden?

In manchen Klassen gehört es inzwischen zum Alltag, dass die mehrheit der Schülerschaft die Hausaufgaben nicht erledigt hat. Deshalb haben sich einige der betroffenen Schulen auf die Suche nach einer lösung für dieses Problem gemacht. So ist die Heinrich-Böll-Schule in Himmelsberg das wagnis eingegangen, die Hausaufgaben für alle Klassen ab dem siebten Schuljahr abzuschaffen. Stattdessen erhalten die Lernenden in jedem Hauptfach eine Stunde mehr Unterricht pro Woche, sodass die möglichkeit besteht, notwendige Übungsaufgaben direkt im Unterricht zu erledigen. Ein solcher Weg könnte nach meinung des Schulleiters Jens Müller auch für zukünftige Ganztagsschulen von Interesse sein, da die erledigung von Hausaufgaben wegen des zunehmenden Nachmittagsunterrichts schwierigkeiten bereitet.
Doch ist die abschaffung von Hausaufgaben wirklich eine erzwungene notwendigkeit? Ist es nicht ein Irrtum zu glauben, ohne sie auskommen zu können?
In vielen Ganztagsschulen erledigen die Jugendlichen ihre Hausaufgaben auch in einer betreuten Hausaufgabenzeit am Nachmittag in der Schule. Auf diese Weise kann die fähigkeit der Lernenden, selbstverantwortung bei der anfertigung der Hausaufgaben zu übernehmen, weiterhin gefördert werden. Denn die Schule dient der vorbereitung auf das spätere Berufsleben.

Groß- und Kleinschreibung

Substantivierung mit Artikel, Artikel und Präposition sowie mit Indefinitpronomen

> **Erinnere dich**
>
> Großgeschrieben werden: substantivierte Verben und Adjektive mit einem Artikel (der, die, das, ein, eine) davor, Verben mit Präposition und Artikel (bei dem, beim, zu dem, zum ...) sowie Adjektive nach Indefinitpronomen (nichts, etwas, alles, allerlei, wenig, viel, genug).
> **Beispiele:** Das Aufräumen dauerte nicht lange, es war das Einfachste.
> Beim Streichen fiel er von der Leiter.
> Er wusste nichts Neues.

1. Ergänze die fehlenden Buchstaben. Achte dabei auf die richtige Groß- und Kleinschreibung.

2. Kontrolliere deine Ergebnisse mithilfe des Lösungsbogens.

3. Schreibe den Text anschließend als Laufdiktat.

Moderne Technik macht die Kommunikation für Jugendliche leichter

Das __ommunizieren, ohne sich persönlich zu treffen, wird für Jugendliche durch die moderne Technik immer leichter. Während es für die Elterngeneration noch etwas __esonderes war, zehn Minuten mit Schulfreunden zu __elefonieren, so stellt das __elefonieren für die heutige Jugendgeneration nichts __ußergewöhnliches mehr dar. Vor dem __nrufen müssen die Jugendlichen noch nicht einmal mehr ihre Eltern um Erlaubnis __itten, da das __prechen mit anderen die Telefonrechnung dank einer Flatrate nicht mehr ins __nermessliche steigen lassen kann. Denn Jugendliche müssen ihren Freunden immer allerlei __eues erzählen, sodass die Telefonate länger dauern __önnen. Auch ist es möglich, zum __nrufen oder zum __erschicken von SMS das eigene Handy zu nutzen. Das Internet bietet darüber hinaus noch weitere Möglichkeiten zur Kommunikation.

Groß- und Kleinschreibung

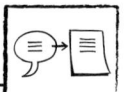

Die Schreibung von Anredepronomen und der dazugehörigen Possessivpronomen

> **Erinnere dich**
>
> Das Anredepronomen „Sie" sowie die verschiedenen Formen des dazugehörigen Possessivpronomens „Ihr" schreibt man groß.
> Das Personalpronomen „sie" und die dazugehörigen Formen des Possessivpronomens „ihr" müssen dagegen kleingeschrieben werden.
> *Beispiele:* Bitte parken Sie Ihr Auto um.
> Da ist Lara, sie parkte gerade ihr Auto um.

1. In dem Text sind alle Anrede-, Personal- und Possessivpronomen großgeschrieben. Schreibe den Text in richtiger Groß- und Kleinschreibung ab.

2. Kontrolliere deinen Text anschließend mithilfe des Lösungsbogens.

Sehr geehrter Herr Kugler,

wir bedauern, dass SIE sich beschweren mussten, weil IHR Internetanschluss nicht funktioniert. Normalerweise sind unsere Mitarbeiter angehalten, die neu installierten Anschlüsse auf IHRE Funktionstauglichkeit zu überprüfen, bevor unsere Mitarbeiter wieder zurück in die Firma fahren. Bei IHREM Anschluss haben unsere Mitarbeiter diese Überprüfung, die zu IHREN Dienstpflichten gehört, leider vergessen. Hierfür möchten wir SIE um Entschuldigung bitten und IHNEN anbieten, dass so schnell wie möglich einer unserer Mitarbeiter oder Mitarbeiterinnen bei IHNEN vorbeikommt und das Problem beseitigt. Bitte geben SIE uns umgehend Bescheid, wann er oder SIE vorbeikommen kann; SIE erreichen unsere Mitarbeiter und Mitarbeiterinnen unter der kostenlosen Servicenummer 0101/123456. Er oder SIE wird sich dann sofort in sein oder IHR Auto setzen und zu IHNEN fahren, um IHREN Internetanschluss flottzumachen. Als Wiedergutmachung für den Nutzungsausfall IHRES Anschlusses werden wir auf die Abbuchung der Nutzungsgebühren für diesen Monat verzichten, SIE können diesen Monat also kostenlos im Internet surfen.

Hochachtungsvoll

Bernd Weber

Groß- und Kleinschreibung

Schreibung von Zeitangaben

> **Erinnere dich**
>
> Zeitangaben, die durch Zeitadverbien wie zum Beispiel „morgens, mittwochs" oder „donnerstagabends" ausgedrückt werden, müssen kleingeschrieben werden. Zusammensetzungen aus Wochentagen wie zum Beispiel „Dienstagabend" oder „Freitagmorgen" werden dagegen großgeschrieben.
> Bei Tageszeiten, die hingegen mit „heute, gestern, vorgestern, morgen" oder „übermorgen" verbunden werden, ist das erste Wort kleinzuschreiben und das zweite, das die Tageszeit bezeichnet, großzuschreiben, wie zum Beispiel „heute Abend" oder „gestern Nachmittag".

1 **Führt ein Tandemlückendiktat durch, indem ihr jeweils die fettgedruckten Wörter diktiert, sodass jeder seine Lücken füllen kann. Kontrolliert anschließend gegenseitig die geschriebenen Wörter.**

2 **Schreibe nun den Text als Laufdiktat ab.**

3 **Kontrolliere deinen abgeschriebenen Text mithilfe der Vorlage.**

Unsere Klassenfahrt nach Berlin

_____, am _____, fuhren wir von unserer Schule aus mit dem Bus nach Berlin, wo wir _____ gegen 21 Uhr ankamen. Wegen der langen Fahrt und des schwülen Wetters waren alle ziemlich müde und gingen spätestens um halb Zwölf ins Bett. Am _____ mussten wir bereits um 7 Uhr aufstehen, da wir für _____ um 9 Uhr eine Führung im Deutschen Historischen Museum gebucht hatten, wo wir uns _____ über deutsche Geschichte informieren konnten.

Das Museum verließen wir dann **mittags** und fuhren, nachdem wir das Brandenburger Tor besichtigt hatten, mit einem Doppeldeckerbus zum Kudamm, wo wir den **Samstagnachmittag** einkaufen durften. **Gestern Abend** gingen wir dann am Potsdamer Platz ins Kino, bevor wir **Samstagabend** todmüde ins Bett fielen und **heute Morgen** wieder in Richtung Heimat fuhren, wo wir **nachmittags** ankamen.

Groß- und Kleinschreibung

Schreibung von Zeitangaben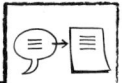

> **Erinnere dich**
>
> Zeitangaben, die durch Zeitadverbien wie zum Beispiel „morgens, mittwochs" oder „donnerstagabends" ausgedrückt werden, müssen kleingeschrieben werden. Zusammensetzungen aus Wochentagen wie zum Beispiel „Dienstagabend" oder „Freitagmorgen" werden dagegen großgeschrieben.
> Bei Tageszeiten, die hingegen mit „heute, gestern, vorgestern, morgen" oder „übermorgen" verbunden werden, ist das erste Wort kleinzuschreiben und das zweite, das die Tageszeit bezeichnet, großzuschreiben wie zum Beispiel „heute Abend" oder „gestern Nachmittag".

[1] **Führt ein Tandemlückendiktat durch, indem ihr jeweils die fettgedruckten Wörter diktiert, sodass jeder seine Lücken füllen kann. Kontrolliert anschließend gegenseitig die geschriebenen Wörter.**

[2] **Schreibe nun den Text als Laufdiktat ab.**

[3] **Kontrolliere deinen abgeschriebenen Text mithilfe der Vorlage.**

Unsere Klassenfahrt nach Berlin

Vorgestern Nachmittag, am **Freitagnachmittag**, fuhren wir von unserer Schule aus mit dem Bus nach Berlin, wo wir **abends** gegen 21 Uhr ankamen. Wegen der langen Fahrt und des schwülen Wetters waren alle ziemlich müde und gingen spätestens um halb Zwölf ins Bett. Am **Samstagmorgen** mussten wir bereits um 7 Uhr aufstehen, da wir für **morgens** um 9 Uhr eine Führung im Deutschen Historischen Museum gebucht hatten, wo wir uns **gestern Vormittag** über deutsche Geschichte informieren konnten.

Das Museum verließen wir dann _____ und fuhren, nachdem wir das Brandenburger Tor besichtigt hatten, mit einem Doppeldeckerbus zum Kudamm, wo wir den _____ einkaufen durften. _____ gingen wir dann am Potsdamer Platz ins Kino, bevor wir _____ todmüde ins Bett fielen und _____ wieder in Richtung Heimat fuhren, wo wir _____ ankamen.

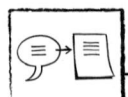

Getrennt- und Zusammenschreibung

Adjektiv und Verb

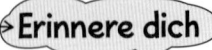 **Erinnere dich**

Zusammensetzungen aus Adjektiv und Verb werden in der Regel getrennt geschrieben. Sie müssen lediglich zusammengeschrieben werden, wenn eine neue, übertragene Bedeutung vorliegt.
Beispiele: Du kannst die Tür offen lassen. (= wörtliche Bedeutung)
Er wollte die Entscheidung bewusst noch offenlassen.
(= übertragene Bedeutung im Sinne von „unentschieden lassen")

[1] **Das folgende Diktat ist leider in lauter Silben zerlegt worden. Finde den Diktattext heraus, indem du die einzelnen Wörter in dem Silbensalat durch senkrechte Striche voneinander abtrennst. Achte dabei besonders auf die Getrennt- und Zusammenschreibung von Adjektiven und Verben.**

[2] **Schreibe den Text als Abschreibdiktat.**

[3] **Kontrolliere deinen Text mithilfe des Lösungsbogens.**

Was Fir men chefs von Schul ab gän gern er war ten

„Gu te Um gangs for men wer den in un se rer Fir ma groß ge schrie ben", dies ließ Lutz Meis ter ges tern die Neunt- und Zehnt kläss ler der Lie big- Ge samt schu le wis sen, die im Fo yer der Schu le sei nem Vor trag an lausch ten. Meis ter, der oh ne Pro ble me vor den 150 ver sam mel ten Ju gend li chen frei spre chen und in te res sant be ri ch ten konn te, be ton te deut lich, dass Ju gend li che, die krank fei ern be zieh ungs wei se blau ma chen, in sei nem Be trieb nicht er wünscht sind, das wol le er mit sei nem Vor trag un be dingt klar stel len. Sol chen Ju gend li chen müs se die Tür zu ei ner Aus bil dung in sei nem Be trieb ver schlos sen blei ben, das kön ne er nicht schön re den. Ju gend liche, die da ge gen durch gu te Um gangs for men und viel En ga ge ment im Prak ti kum über zeu gen wür den, kön ne er da ge gen schnell ein stel len, be son ders Ei gen ini tia tive sei in sei ner Fir ma er wün scht.

Getrennt- und Zusammenschreibung

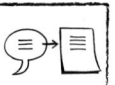

Adjektiv und Partizip

> **Erinnere dich**
>
> Zusammensetzungen aus Adjektiv und Partizip werden in der Regel getrennt geschrieben. Sie müssen lediglich zusammengeschrieben werden, wenn eine neue, übertragene Bedeutung vorliegt.
> **Beispiele**: Er hat den Joghurt kalt gestellt. (= wörtliche Bedeutung)
> Er hat seinen Mitarbeiter kaltgestellt.
> (= übertragene Bedeutung im Sinne von „nicht beachtet")

[1] Leider ist der Text zu einer Wortschlange verschmolzen. Trenne die einzelnen Wörter durch senkrechte Striche voneinander. Achte dabei besonders auf die Getrennt- und Zusammenschreibung bei Adjektiven und Partizipien.

[2] Schreibe den Text als Abschreibdiktat.

[3] Kontrolliere deinen Text mithilfe des Lösungsbogens.

AchtungbeimUmgangmitGeldautomaten

ImMegaEinkaufszentruminMusterstadthatdiePolizeigesternwiederfestgestellt,dassviele MenschenbeimGeldabhebenzusorglosvorgehen.Nachdemüber50Personenaneinem GeldautomatenGeldabgehobenhatten,hatdasBankpersonalbeieinerRoutineüberprüfung desGeldautomateneineSkimmingvorrichtungsichergestellt,mitderenHilfefindigeGanoven Kontodatenausspionierenwollten.AufdieseWeisekonntendieGanovenschnellgestoppt werden,bevorsieirgendeinenSchadenanrichtenkonnten.NachdenAngabenderPolizei hattendieTäterdenSkimmingaufsatzeinfachaufdasBedienfeldgeschicktgeschraubtund andenKartenleseschlitzgeklemmt.DassdieKundschaftdiesnichtbemerkthat,verwundert denPolizeibeamtenHuber.OffenbarseiendieMenschenbeimGeldabhebengedanklichmit anderenDingenbeschäftigtgewesen,sodassesihnenschwergefallensei,dieSkimming vorrichtungzubemerken.Erräthierjedochzumehrwachsamkeit,dennnichtinallenFällen werdederentstandeneSchadendemKundenwiederaufdemKontogutgeschrieben.

Getrennt- und Zusammenschreibung

Straßennamen

 **Erinnere dich**

Straßennamen können zusammen, getrennt oder mit Bindestrich geschrieben werden. Zusammengeschrieben werden Straßennamen, wenn das Bestimmungswort vor dem Grundwort (Straße, Weg usw.) ein Nomen, ein eingliedriger Name oder ein ungebeugtes Adjektiv ist (Baumweg, Fontanestraße, Hochgasse).
Getrennt geschrieben werden sie, wenn sie eine Ableitung von einem geografischen Namen aufweisen (Frankfurter Tor), ein gebeugtes Adjektiv beinhalten (Breite Straße) oder eine Präposition enthalten (Unter den Eichen).
Straßennamen, deren Bestimmungswort dagegen aus mehrgliedrigen Namen (Franz-Kafka-Weg) oder mehreren Wörtern (Kaiser-Wilhelm-Allee) bestehen, werden mit Bindestrich geschrieben.

1. **Leider ist die Wegbeschreibung zur Mega-Dance-Party zu einer Wortschlange verschmolzen. Trenne die einzelnen Wörter durch Striche voneinander, um herauszufinden, wie du zu dieser Party gelangst.**

2. **Schreibe die Wegbeschreibung nun als Abschreibdiktat. Achte auf die Rechtschreibregeln!**

3. **Kontrolliere deinen Text anschließend mithilfe des Lösungsbogens.**

Wie geht es zur Mega-Dance-Party?

DieMega-Dance-PartyamBerlinerPlatzerreichtihrvom HauptbahnhofausfolgendermaßenGehtzunächstdie BahnhofsstraßebiszurTheodorFontaneStraßeentlangund biegtdannrechtsindieseeinundfolgtdemStraßenverlauf biszumAltmarkt.Vondiesemmüsstihrdannnachrechtsin dieNeueGasseeinbiegenunddiesebiszumKastanienweg entlanglaufen,derlinksabgeht.Lauftdiesennunentlang,bis ihrzumMartinLutherPlatzkommt.Überquertdiesenundgeht noch200Metergeradeaus,bisihraufdieStraßeUnterden Buchenstoßt.FolgtdiesernunbiszurSchillerstraße.Nach wenigenMeterngehtvondieserlinksderLandgrafPhilippWeg ab.Wennihrdiesenimmergeradeausweiterlauft,kommt ihrautomatischzumBerlinerPlatzundkönnteuchins Tanzvergnügenstürzen.

S-Schreibung

Wörter mit „s", „ss" und „ß"

Erinnere dich

Wenn der S-Laut stimmhaft ist, wird „s" geschrieben. Ist der S-Laut dagegen stimmlos, so wird bei einem kurzen Vokal davor „ss" geschrieben und bei einem langen Vokal oder Doppellaut (ei, au) in der Regel „ß" geschrieben.
Beispiele: Vase (stimmhafter S-Laut)
Fluss (stimmloser S-Laut vor kurzem Vokal)
Straße (stimmloser S-Laut vor langem Vokal)
Blumenstrauß (stimmloser S-Laut vor einem Doppellaut)

1. Führt ein Tandemlückendiktat durch, indem ihr euch jeweils die fettgedruckten Wörter diktiert, sodass jeder seine Textlücken füllen kann. Kontrolliert anschließend.

2. Schreibe den kompletten Text nun als Laufdiktat ab.

3. Kontrolliere den Text anschließend mithilfe der Vorlage.

Jugendliche veröffentlichen im Internet private Daten

Berlin – Wie jüngst eine vom OGO-Forschungsinstitut _____ Studie _____, gibt es etliche Jugendliche, die allzu _____ _____ Daten von sich ins Internet stellen. _____ in sogenannten sozialen Netzwerken würden Jugendliche dazu neigen, ohne _____ Überlegungen neben dem realen Vor- und Zunamen _____, Wohnort, Festnetz- und Handynummer sowie die Hobbys und anderes zu veröffentlichen. _____ kämen dazu oft noch Fotos, die die Jugendlichen in peinlichen Situationen, wie zum Beispiel beim _____ _____, zeigten.

Die **Nutznießerin** dieses jugendlichen **Leichtsinns** ist dabei vor allem die Werbeindustrie. Die angegebenen Hobbys und die Telefonnummern sind für sie von hohem **Interesse**. **Schließlich** können Produkte jetzt **passgenau** per Telefonwerbeanruf, Werbe-SMS oder per Post an die angegebene **Adresse** an den Mann oder die Frau gebracht werden. Zu allem **Überfluss** kann es **passieren**, dass sich später mögliche Arbeitgeber anhand der dargebotenen Informationen ein erstes Bild über die Bewerber machen, sodass die Jugendlichen für ihren damaligen **Spaß** mit der Ablehnung eines Stellenangebots **büßen müssen**. Ein weiteres Problem ist, dass vor allem Mädchen mit der Veröffentlichung von Bildern und den persönlichen Kontaktdaten sexuellem _____ Tor und Tür öffnen. Jugendliche sollten also unbedingt **verantwortungsbewusst** mit ihren privaten Daten im Internet umgehen.

S-Schreibung

Wörter mit „s", „ss" und „ß"   **B**

> **Erinnere dich**
>
> Wenn der S-Laut stimmhaft ist, wird „s" geschrieben. Ist der S-Laut dagegen stimmlos, so wird bei einem kurzen Vokal davor „ss" geschrieben und bei einem langen Vokal oder Doppellaut (ei, au) in der Regel „ß" geschrieben.
> *Beispiele*: Vase (stimmhafter S-Laut)
> Fluss (stimmloser S-Laut vor kurzem Vokal)
> Straße (stimmloser S-Laut vor langem Vokal)
> Blumenstrauß (stimmloser S-Laut vor einem Doppellaut)

1. Führt ein Tandemlückendiktat durch, indem ihr euch jeweils die fettgedruckten Wörter diktiert, sodass jeder seine Textlücken füllen kann. Kontrolliert anschließend.
2. Schreibe den kompletten Text nun als Laufdiktat ab.
3. Kontrolliere den Text anschließend mithilfe der Vorlage.

Jugendliche veröffentlichen im Internet private Daten

Berlin – Wie jüngst eine vom OGO-Forschungsinstitut **veranlasste** Studie **herausfand**, gibt es etliche Jugendliche, die allzu **sorglos persönliche** Daten von sich ins Internet stellen. **Besonders** in sogenannten sozialen Netzwerken würden Jugendliche dazu neigen, ohne **große** Überlegungen neben dem realen Vor- und Zunamen **Straße**, Wohnort, Festnetz- und Handynummer sowie die Hobbys und anderes zu veröffentlichen. **Außerdem** kämen dazu oft noch Fotos, die die Jugendlichen in peinlichen Situationen, wie zum Beispiel beim **exzessiven Alkoholgenuss,** zeigten.

Die _____ dieses jugendlichen _____ ist dabei vor allem die Werbeindustrie. Die angegebenen Hobbys und die Telefonnummern sind für sie von hohem _____ . _____ können Produkte jetzt _____ per Telefonwerbeanruf, Werbe-SMS oder per Post an die angegebene _____ an den Mann oder die Frau gebracht werden. Zu allem _____ kann es _____ , dass sich später mögliche Arbeitgeber anhand der dargebotenen Informationen ein erstes Bild über die Bewerber machen, sodass die Jugendlichen für ihren damaligen _____ mit der Ablehnung eines Stellenangebots _____ _____ . Ein weiteres Problem ist, dass vor allem Mädchen mit der Veröffentlichung von Bildern und den persönlichen Kontaktdaten sexuellem **Missbrauch** Tor und Tür öffnen. Jugendliche sollten also unbedingt _____ mit ihren privaten Daten im Internet umgehen.

S-Schreibung

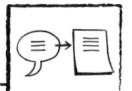

„das" und „dass"

> **Erinnere dich**
>
> Die Schreibung von „das" und „dass" richtet sich nach der grammatischen Funktion, die das Wort im Satz besitzt.
>
> | Grammatische Funktion | Schreibung | Beispielsatz |
> |---|---|---|
> | Artikel | das | Das Wetter ist schlecht. |
> | Relativpronomen | das | Das Kind, das dort steht, weint. |
> | Demonstrativpronomen | das | Felix hat gewonnen. Das freut Tom. |
> | Konjunktion | dass | Lena ärgert sich, dass es regnet. |
>
> Wenn man „dieses, jenes, welches" für „das" einsetzen kann, wird „das" geschrieben, andernfalls „dass".

1. **Führt ein Tandemdiktat durch, indem ihr zuerst jeweils auf eurem Bogen die fehlenden Buchstaben in Einzelarbeit ergänzt. Danach kontrolliert eure Lösungen gegenseitig.**

2. **Diktiert danach dem anderen jeweils den Absatz, bei dem ihr die Lücken ausgefüllt habt, und lasst euch den Absatz diktieren, von dem ihr die Lösung habt.**

3. **Korrigiert danach eure Diktate gegenseitig.**

Ist **da__** wirklich so toll, ein Superstar zu sein?
In den Medien wird immer wieder davon berichtet, **da__** Jugendliche davon träumen, ein Superstar zu sein. Doch ist dies wirklich so toll, wie sie sich **da__** vorstellen? **Da__** Bewusstsein, ein Wunderkind zu sein, kann auf jeden Fall **da__** Selbstwertgefühl stärken. Außerdem winkt durch Fernsehauftritte viel Geld, **da__** sich für Jugendliche leicht verdienen lässt. Man kann verstehen, **da__** sie hier versuchen, ihre Chance zu ergreifen. Die Wahrscheinlichkeit ist hoch, **da__** die Jugendlichen von ihren Freunden, Bekannten und Familien Anerkennung für ihre Rolle als Superstar erhalten. Und wer möchte **da__** nicht?
Daran, **dass** die Jugendlichen dann ständig im Rampenlicht stehen müssen, denken sie nicht. Keiner bedenkt, **dass das** auf Dauer lästig werden kann, kein Privatleben mehr zu haben, und **dass das** mit dem Superstardasein verbundene Umherreisen stressig sein kann. Außerdem kann es passieren, **dass** die sogenannten Superstars sich in der Fernsehsendung zum Teil beleidigende Kommentare durch den Showmaster anhören müssen. Es besteht daher die Gefahr, **dass das** Superstardasein, **das** erst so erstrebenswert erschien, schnell zum Albtraum wird.

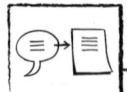

S-Schreibung

„das" und „dass"

B

 **Erinnere dich**

Die Schreibung von „das" und „dass" richtet sich nach der grammatischen Funktion, die das Wort im Satz besitzt.

Grammatische Funktion	Schreibung	Beispielsatz
Artikel	das	Das Wetter ist schlecht.
Relativpronomen	das	Das Kind, das dort steht, weint.
Demonstrativpronomen	das	Felix hat gewonnen. Das freut Tom.
Konjunktion	dass	Lena ärgert sich, dass es regnet.

Wenn man „dieses, jenes, welches" für „das" einsetzen kann, wird „das" geschrieben, andernfalls „dass".

1. **Führt ein Tandemdiktat durch, indem ihr zuerst jeweils auf eurem Bogen die fehlenden Buchstaben in Einzelarbeit ergänzt. Danach kontrolliert eure Lösungen gegenseitig.**

2. **Diktiert danach dem anderen jeweils den Absatz, bei dem ihr die Lücken ausgefüllt habt, und lasst euch den Absatz diktieren, von dem ihr die Lösung habt.**

3. **Korrigiert danach eure Diktate gegenseitig.**

Ist **das** wirklich so toll, ein Superstar zu sein?

In den Medien wird immer wieder davon berichtet, da**ss** Jugendliche davon träumen, ein Superstar zu sein. Doch ist dies wirklich so toll, wie sie sich da**s** vorstellen? Da**s** Bewusstsein, ein Wunderkind zu sein, kann auf jeden Fall da**s** Selbstwertgefühl stärken. Außerdem winkt durch Fernsehauftritte viel Geld, da**s** sich für Jugendliche leicht verdienen lässt. Man kann verstehen, da**ss** sie hier versuchen, ihre Chance zu ergreifen. Die Wahrscheinlichkeit ist hoch, da**ss** die Jugendlichen von ihren Freunden, Bekannten und Familien Anerkennung für ihre Rolle als Superstar erhalten. Und wer möchte da**s** nicht?

Daran, **da__** die Jugendlichen dann ständig im Rampenlicht stehen müssen, denken sie nicht. Keiner bedenkt, **da__ da__** auf Dauer lästig werden kann, kein Privatleben mehr zu haben, und **da__ da__** mit dem Superstardasein verbundene Umherreisen stressig sein kann. Außerdem kann es passieren, **da__** die sogenannten Superstars sich in der Fernsehsendung zum Teil beleidigende Kommentare durch den Showmaster anhören müssen. Es besteht daher die Gefahr, **da__ da__** Superstardasein, **da__** erst so erstrebenswert erschien, schnell zum Albtraum wird.

Ähnliche Konsonanten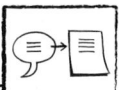

„b/p", „d/t", „g/k"

>
>
> Wenn du unsicher bist, ob du „b" oder „p", „d" oder „t", „g" oder „k" schreiben musst, kannst du das Wort um eine Silbe verlängern, um die richtige Schreibweise herauszufinden.
> **Beispiele**: *lieb* von *die Liebe* oder *lieben*, aber *stopp!* von *stoppen* oder *der Stopp*
> *Wald* von *die Wälder*, aber *Welt* von *die Welten*
> *Ring* von *die Ringe*, aber *Fink* von *die Finken*

1. **Ergänze „b", „p", „d", „t", „g" oder „k".**
2. **Kontrolliere deine Lösungen mithilfe des Lösungsbogens.**
3. **Schreibe den Text als Wendediktat.**
4. **Kontrolliere deinen Text anschließend mithilfe des Lösungsbogens.**

Schulkonferenz erteilt Vorschla__ über die Wiedereinführun__ der Samsta__sschule eine Absa__e

Datteln – Gestern sprach sich die aus Schülern, Eltern und Lehrern bestehende Schulkonferenz der Theodor-Fontane-Gesamtschule gegen den Vorschla__ von Schulra__ Johannes Taubner aus, die Samsta__sschule wieder einzuführen. Denn der Praxista__, an dem die Achtklässler jeweils einen Ta__ in der Woche in einem Betrie__ praktisch lernen sollen, brin__t die Schwieri__kei__ mit sich, dass der Unterricht__ auf die anderen Ta__e umverteilt werden muss. Aus diesem Grun__ ga__ Schulra__ Taubner der Schulkonferenz den Ra__, über die Wiedereinführung des Samsta__sunterrich__s nachzudenken, um fast tä__lichen Nachmitta__sunterrich__ zu vermeiden. Doch dieser Vorstoß wurde zurückgewiesen, da es samsta__s schwieri__ ist, mit dem Bus zur Schule zu gelangen und die Schülerschaf__ nicht bei Win__ und Wetter dazu verdonnert werden kann, mit dem Fahrra__ zur Schule zu kommen. Ein Taxi kostet auch zu viel Gel__. Außerdem sind die Jugendlichen samsta__s lie__er im Par__ oder anderswo als in der Schule. So erwies sich die Idee als Flo__. Es führt nun doch kein We__ an verstärktem Nachmitta__sunterrich__ an der Theodor-Fontane-Gesamtschule vorbei.

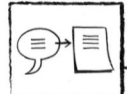

Ähnliche Konsonanten

„end-" oder „ent-"

> 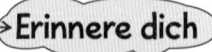 **Erinnere dich**
>
> Die Vorsilbe „end-" wird verwendet, wenn das Wort eine Bedeutung im Sinne von Ende hat. Die Vorsilbe „ent-" wird in allen anderen Fällen mit „t" geschrieben.
> **Beispiele**: Endstück, endgültig
> Entrümpelung, entschuldigen

1. „End-" oder „ent-"? Ergänze. Achte dabei auf die Groß- und Kleinschreibung.

2. Kontrolliere deine Ergebnisse mithilfe des Lösungsbogens.

3. Schreibe den Text als Laufdiktat.

4. Kontrolliere deinen geschriebenen Text anschließend sorgfältig.

Elmshorn verliert _____ spiel gegen Itzehoe

Mit einer _____ täuschung war gestern das Handball _____ spiel in Elmshorn zwischen der Jugendmannschaft des HSV Itzehoe und der Jugendmannschaft des TSV Elmshorn für die Gastgebermannschaft verbunden. Dabei konnten es die beiden Mannschaften kaum erwarten, bis das Spiel _____ lich losging und sie in den _____ spurt starten konnten. Denn zunächst verzögerte ein zwanzigminütiger Stromausfall den Beginn der heißersehnten _____ scheidung. Einige Fans hatten schon _____ geisterte Gesichter, weil die Fans dachten, die Techniker würden das _____ standene Lichtproblem nicht in den Griff bekommen. Doch _____ gegen aller schlimmen Befürchtungen hatten die Techniker schnell Erfolg mit ihren Bemühungen und das Spiel konnte beginnen. Obwohl die Elmshorner zunächst 3:1 führten, gelang es der Mannschaft aus Itzehoe, die immer noch _____ schlossen um den Sieg kämpfte, kurz vor Schluss ein _____ ergebnis von 4:3 für sich zu verbuchen. Mit _____ setzen musste die Elmshorner Mannschaft zusehen, wie die gegnerische Mannschaft drei Tore hintereinander warf.

Ähnliche Konsonanten

„-ig", „-lich", „-isch"

> **Erinnere dich**
>
> Um herauszufinden, ob sich ein Adjektiv am Ende mit „-ig", „-lich", „-isch" schreibt, musst du es verlängern, indem du ein Nomen dahintersetzt oder die Steigerungsform bildest.
> **Beispiele**: traurig? → der traurige Junge / er war trauriger als ...
> heimlich? → der heimliche Ausflug / heimlicher geht es gar nicht
> zänkisch? → das zänkische Mädchen / es ist zänkischer als ...

1. **Führt ein Tandemlückendiktat durch, indem ihr euch jeweils die fettgedruckten Wörter diktiert, sodass jeder seine Textlücken füllen kann. Kontrolliert eure Ergebnisse anschließend gemeinsam.**

2. **Schreibe den kompletten Text nun als Laufdiktat ab.**

3. **Kontrolliere den Text anschließend mithilfe der Vorlage.**

Zu laute Diskomusik ist auf Dauer _____

Wie eine Studie des UHU-Instituts herausfand, ist es _____, dass sich viele Jugendliche an den Wochenenden immer wieder _____ mehrere Stunden ohne Unterbrechung _____ lauter Diskomusik aussetzen. Dabei denken sie nicht daran, dass sie so ganz leicht _____ werden können. Sie wollen in der Disko _____ tanzen und verlassen sich deshalb sehr _____ auf das Lautstärkegefühl des DJs. Es ist _____ für sie, diesen im Beisein anderer Jugendlicher darum zu bitten, die Lautstärke etwas zu vermindern.

Aber ist es hier fair, nur die Jugendlichen **einseitig** in die Pflicht zu nehmen? Für die laute Musik, die **gefährlich** für die Ohren der Jugendlichen ist, sind **schließlich** in erster Linie die Diskothekenbetreiber und DJs **verantwortlich**. Es ist daher nicht ganz **unparteiisch**, den Jugendlichen die Schuld zu geben. Stattdessen sollten DJs lieber **schnellstmöglich** dazu verpflichtet werden, **ständig** darauf zu achten, dass die Musiklautstärke nicht zu **heftig** wird.

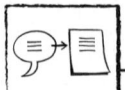

Ähnliche Konsonanten

„-ig", „-lich", „-isch"   B

> **Erinnere dich**
>
> Um herauszufinden, ob sich ein Adjektiv am Ende mit „-ig", „-lich", „-isch" schreibt, musst du es verlängern, indem du ein Nomen dahintersetzt oder die Steigerungsform bildest.
> **Beispiele**: traurig? → der traurige Junge / er war trauriger als ...
> heimlich? → der heimliche Ausflug / heimlicher geht es gar nicht
> zänkisch? → das zänkische Mädchen / es ist zänkischer als ...

1. Führt ein Tandemlückendiktat durch, indem ihr euch jeweils die fettgedruckten Wörter diktiert, sodass jeder seine Textlücken füllen kann. Kontrolliert eure Ergebnisse anschließend gemeinsam.

2. Schreibe den kompletten Text nun als Laufdiktat ab.

3. Kontrolliere den Text anschließend mithilfe der Vorlage.

Zu laute Diskomusik ist auf Dauer **schädlich**

Wie eine Studie des UHU-Instituts herausfand, ist es **problematisch**, dass sich viele Jugendliche an den Wochenenden immer wieder **leidenschaftlich** mehrere Stunden ohne Unterbrechung **richtig** lauter Diskomusik aussetzen. Dabei denken sie nicht daran, dass sie so ganz leicht **schwerhörig** werden können. Sie wollen in der Disko **fröhlich** tanzen und verlassen sich deshalb sehr **leichtsinnig** auf das Lautstärkegefühl des DJs. Es ist **schwierig** für sie, diesen im Beisein anderer Jugendlicher darum zu bitten, die Lautstärke etwas zu vermindern.

Aber ist es hier fair, nur die Jugendlichen _____ in die Pflicht zu nehmen? Für die laute Musik, die _____ für die Ohren der Jugendlichen ist, sind _____ in erster Linie die Diskothekenbetreiber und DJs _____. Es ist daher nicht ganz _____, den Jugendlichen die Schuld zu geben. Stattdessen sollten DJs lieber _____ dazu verpflichtet werden, _____ darauf zu achten, dass die Musiklautstärke nicht zu _____ wird.

Ähnliche Konsonanten

„f" oder „v"

Erinnere dich

Der F-Laut wird meistens durch den Buchstaben „f" wiedergegeben, es gibt jedoch auch einige Ausnahmen, bei denen „v" geschrieben werden muss. Hierunter fallen vor allem die Vorsilben „ver-" und „vor-" sowie einige weitere Wörter wie zum Beispiel „Vogel", „vorn", „vier" ... Sieh im Zweifelsfall im Wörterbuch nach!
Beispiele: Fenster, Vortrag, Verwaltung, aber Fernseher

1. Führt ein Tandemreißverschlussdiktat durch, indem ihr euch gegenseitig die fehlenden Sätze diktiert und diese anschließend gegenseitig kontrolliert.

2. Nehmt nun ein Blatt Papier und diktiert euch gegenseitig und nacheinander jeweils immer einen Satz des Diktats. Dabei soll derjenige mit dem Diktieren beginnen, der den ersten selbst aufgeschriebenen Satz hat.

3. Kontrolliert euer gemeinsam geschriebenes Diktat nun zusammen und besprecht die Fehler.

Medienverhalten bei Jugendlichen verändert sich rasant

_____

Heutzutage steht den Jugendlichen dagegen eine Vielzahl von Medien zur Verfügung.

_____

Denn inzwischen kann man mit vielen technischen Geräten Filme und Fotos ansehen.

_____

Der Fortschritt hat hier zu vielen technischen Verbesserungen geführt.

_____

Auf diese Weise kann man seine Freizeit auch als Fan von bestimmten Sendungen unabhängig vom Fernsehprogramm gestalten.

_____

Ähnliche Konsonanten

„f" oder „v" **B**

> **Erinnere dich**
>
> Der F-Laut wird meistens durch den Buchstaben „f" wiedergegeben, es gibt jedoch auch einige Ausnahmen, bei denen „v" geschrieben werden muss. Hierunter fallen vor allem die Vorsilben „ver-" und „vor-" sowie einige weitere Wörter wie zum Beispiel „Vogel", „vorn", „vier" ... Sieh im Zweifelsfall im Wörterbuch nach!
> **Beispiele**: Fenster, Vortrag, Verwaltung, aber Fernseher

1. Führt ein Tandemreißverschlussdiktat durch, indem ihr euch gegenseitig die fehlenden Sätze diktiert und diese anschließend gegenseitig kontrolliert.

2. Nehmt nun ein Blatt Papier und diktiert euch gegenseitig und nacheinander jeweils immer einen Satz des Diktats. Dabei soll derjenige mit dem Diktieren beginnen, der den ersten selbst aufgeschriebenen Satz hat.

3. Kontrolliert euer gemeinsam geschriebenes Diktat nun zusammen und besprecht die Fehler.

Früher war bei den Jugendlichen das Fernsehen das Medium Nummer eins.

Hierunter fallen neben dem Fernsehen vor allem der Computer, das Handy und der I-Pod.

Die Zeiten, in denen nur das Fernsehen oder ein Projektor diese Funktion erfüllte, sind vorbei.

Mithilfe des Internets kann man Filme und Sendungen zu jeder beliebigen Zeit sehen.

Es ist schon verblüffend, was heute alles möglich ist.

Gleichklingende Vokale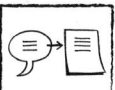

„e" oder „ä"

> **Erinnere dich**
>
> Um herauszufinden, ob sich ein Wort mit „e" oder „ä" schreibt, musst du überprüfen, ob es ein verwandtes Wort mit „a" gibt, von dem das Wort abgeleitet ist. Wirst du hier fündig, so schreibt sich das Wort in der Regel mit „ä", kannst du dagegen bei der Ableitungsprobe kein Wort mit „a" finden, so schreibt es sich in der Regel mit „e".
> **Beispiele**: Wald → Wälder
> lang → länger/Länge
> Fenster → Fenster
> Stern → Sterne

1. Ergänze „e" oder „ä" in den Lücken.
2. Kontrolliere deine Ergebnisse mithilfe des Lösungsbogens.
3. Schreibe den Text als Laufdiktat.
4. Kontrolliere deinen geschriebenen Text mithilfe des Lösungsbogens.

Marketingexp__rten verst__cken W__rbung in Internetforen

Immer m__hr Menschen tauschen sich gegenw__rtig in Internetforen über allerlei Dinge aus. Dies ist auch von der W__rbeindustrie nicht unbem__rkt geblieben, die die Internetforen l__ngst für ihre Zw__cke entd__ckt hat. Dabei beschr__nkt sich die W__rbeindustrie keinesfalls darauf, l__diglich an den R__ndern des Bildschirms W__rbung für __tliche Produkte zu zeigen. Die W__rbemacher sind vielm__hr so geschickt, sich mit gef__lschter Identität unter die gewöhnlichen Mitglieder des Forums zu mischen. Auf diesem W__ge können sie ganz einfach auf ihr Produkt aufm__rksam machen, indem sie mit anderen eine Diskussion darüber beginnen, ob ihnen das Produkt bekannt ist und wie sie es beurteilen. Bei einem Klingelton oder Musikdownload werden die anderen so dazu verleitet, sich diesen schnellstens herunterzuladen, um mitr__den zu können. Um für andere attraktiver zu werden und besser mit anderen anb__ndeln zu können, tr__ten die W__rber dabei oft noch mit ver__ndertem Geschl__cht auf. Denn so fallen sie beispielsweise als Frau in der Masse der m__nnlichen Forennutzer st__rker auf und werden __her von anderen kontaktiert.

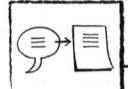

Gleichklingende Vokale

Wörter mit „äu" und „eu"

> **Erinnere dich**
>
> Um herauszufinden, ob sich ein Wort mit „äu" oder „eu" schreibt, musst du überprüfen, ob es ein verwandtes Wort mit „au" gibt, von dem das Wort abgeleitet ist. Wirst du hier fündig, so schreibt sich das Wort in der Regel mit „äu", kannst du dagegen bei der Ableitungsprobe kein Wort mit „au" finden, so schreibt es sich in der Regel mit „eu".
> **Beispiele:** Mauer → Gemäuer   Feuer → Feuer

1. Führt ein Tandemdiktat durch, indem ihr zuerst jeweils auf eurem Bogen die fehlenden Buchstaben in Einzelarbeit ergänzt, bevor ihr die Lösungen gegenseitig kontrolliert.

2. Diktiert danach dem anderen jeweils den Absatz, bei dem ihr die Lücken ausgefüllt habt, und lasst euch den Absatz diktieren, von dem ihr die Lösung habt.

3. Korrigiert die Diktate danach wechselseitig und versucht, die Schreibungen mit „äu" durch verwandte Wörter zu erklären.

Eine schwierige Frage für Jugendliche

Die Frage, was sie nach ihrem Schulabschluss machen sollen, quält h____tzutage viele Jugendliche. Obwohl sie wissen, dass sie das Schulgeb____de bald nicht mehr betreten müssen, sch____en sie h____fig davor zurück, sich im Vorfeld mit dieser Frage zu beschäftigen. Denn oft ist ihnen noch nicht klar, welche Berufe es gibt und welche Tätigkeiten für sie persönlich geeignet sind. Manch einem bereitet es eher Fr____de, alte L____te zu betr____en, während der andere lieber H____serfassaden verputzt.

Doch wie findet man heraus, welche Tätigkeit zu einem passt? Das ist eine ungeh**eu**er schwierige Frage. Hilfreich kann hier h**äu**fig ein Test bei der Berufsberatung des Arbeitsamtes sein. Noch besser ist aber sicher ein Praktikum, bei dem man überprüfen kann, ob man gern mit F**eu**erwehrschl**äu**chen hantiert, lieber als Verk**äu**ferin mit Blumenstr**äu**ßen handelt oder noch lieber im Büro das Telefon bedient, wenn es l**äu**tet. Diesen Praxistest wird man auf keinen Fall ber**eu**en.

Gleichklingende Vokale

Wörter mit „äu" und „eu"

> **Erinnere dich**
>
> Um herauszufinden, ob sich ein Wort mit „äu" oder „eu" schreibt, musst du überprüfen, ob es ein verwandtes Wort mit „au" gibt, von dem das Wort abgeleitet ist. Wirst du hier fündig, so schreibt sich das Wort in der Regel mit „äu", kannst du dagegen bei der Ableitungsprobe kein Wort mit „au" finden, so schreibt es sich in der Regel mit „eu".
> **Beispiele:** Mauer → Gemäuer   Feuer → Feuer

1 Führt ein Tandemdiktat durch, indem ihr zuerst jeweils auf eurem Bogen die fehlenden Buchstaben in Einzelarbeit ergänzt, bevor ihr die Lösungen gegenseitig kontrolliert.

2 Diktiert danach dem anderen jeweils den Absatz, bei dem ihr die Lücken ausgefüllt habt, und lasst euch den Absatz diktieren, von dem ihr die Lösung habt.

3 Korrigiert die Diktate danach wechselseitig und versucht, die Schreibungen mit „äu" durch verwandte Wörter zu erklären.

Eine schwierige Frage für Jugendliche

Die Frage, was sie nach ihrem Schulabschluss machen sollen, quält h**eu**tzutage viele Jugendliche. Obwohl sie wissen, dass sie das Schulgeb**äu**de bald nicht mehr betreten müssen, sch**eu**en sie h**äu**fig davor zurück, sich im Vorfeld mit dieser Frage zu beschäftigen. Denn oft ist ihnen noch nicht klar, welche Berufe es gibt und welche Tätigkeiten für sie persönlich geeignet sind. Manch einem bereitet es eher Fr**eu**de, alte L**eu**te zu betr**eu**en, während der andere lieber H**äu**serfassaden verputzt.

Doch wie findet man heraus, welche Tätigkeit zu einem passt? Das ist eine ungeh____er schwierige Frage. Hilfreich kann hier h____fig ein Test bei der Berufsberatung des Arbeitsamtes sein. Noch besser ist aber sicher ein Praktikum, bei dem man überprüfen kann, ob man gern mit F____erwehrschl____chen hantiert, lieber als Verk____ferin mit Blumenstr____ßen handelt oder noch lieber im Büro das Telefon bedient, wenn es l____tet. Diesen Praxistest wird man auf keinen Fall ber____en.

Gleichklingende Vokale

„i", „ie", „ieh", „ih"

> **Erinnere dich**
>
> Der kurzgesprochene I-Laut wird immer „i" geschrieben.
> Der lange I-Laut wird meistens „ie" geschrieben, daneben aber auch als „ih", „ieh" und ganz selten auch nur mit „i". Du musst im Wörterbuch nachschlagen, wenn du unsicher bist!
> **Beispiele**: kurzer I-Laut: Mitte
> langer I-Laut: Spiegel, Vieh, ihn, Tiger

1. Lies den Text und kreise das Wort ein, das trotz eines langgesprochenen I-Lauts nur mit „i" geschrieben wird.

2. Kontrolliert das Ergebnis mithilfe des Lösungsbogens.

3. Führt ein Partnerdiktat durch, indem ihr euch den Text gegenseitig und nacheinander diktiert.

4. Kontrolliert anschließend eure Texte gegenseitig.

War Hündin reif für die Insel?

Das fragten sich gestern zwei Polizeibeamte in Westerland auf Sylt, als sie zum dortigen Bahnhof gerufen wurden, weil dort eine herrenlose Schäferhündin mitten im Bahnhofsgebäude saß und die Passanten anbellte. Wie Passanten den Beamten berichteten, war die Hündin mit ihnen gemeinsam aus der zuvor gekommenen Nord-Ostsee-Bahn gestiegen. Dies konnten die Polizisten zwar zunächst nicht glauben, doch als es ihnen gelang, das Tier mithilfe eines Wurstbrotes zu beruhigen und das Namensschildchen vom Halsband abzunehmen, schien diese Aussage gar nicht mehr so unzutreffend zu sein. Denn auf dem Schild war eine Telefonnummer mit der Vorwahl der auf dem Festland liegenden Gemeinde Niebüll notiert. Als die Beamten dort anriefen, stellte sich schnell heraus, dass die Hündin Astra von einem Bauernhof aus Niebüll stammte und offenbar allein von dort zum Bahnhof marschiert und unbemerkt in den Zug gestiegen war. Der Besitzer vermutet als Grund für den Ausflug, dass Astra von ihren vier Jungen und dem restlichen Vieh in der Scheune so genervt war, dass sie auf Sylt eine Brise Seeluft schnuppern wollte.

Gleichklingende Vokale

„wider" oder „wieder"

> **Erinnere dich**
>
> Die Schreibung von „wieder" und „wider" hängt von der Bedeutung ab. Wird das Wort im Sinne von „erneut" oder „zurück" gebraucht, so wird es mit „ie" geschrieben. Hat es dagegen die Bedeutung von „gegen" oder „entgegen", so schreibt man es mit „i".
>
> **Beispiele**: Er gewann wieder. → Er gewann erneut.
> Er widersetzte sich dem Angriff. → Er wehrte sich gegen den Angriff.

1. Ergänze die Lücken.
2. Kontrolliere die Ergebnisse mithilfe des Lösungsblattes.
3. Führe ein Wendediktat durch und kontrolliere deinen Text anschließend.

Zusammenstoß zweier jugendlicher Fahrradfahrer endet vor Gericht

Kulmbach – Gestern zeigte sich _____ einmal vor Gericht, wie zwei jugendliche Fahrradfahrer durch ihre Unnachgiebigkeit aus einer Mücke einen Elefanten machten. Die beiden _____sacher waren vergangenen Sommer an einer unübersichtlichen Kreuzung mit ihren Fahrrädern zusammengestoßen. Dabei war bei dem einen Radfahrer lediglich ein Speichenreflektor zu Bruch gegangen, während der andere Radfahrer nur ein wenig Schmiere an das Hosenbein bekommen hatte. Nachdem die herbeigerufenen Streifenbeamten keine eindeutige Schuld feststellen konnten und es ihnen aufgrund der geringen Schadenshöhe _____sinnig erschien, ein Ermittlungsverfahren einzuleiten, schlugen sie den Jugendlichen vor, jeweils den eigenen Schaden zu beseitigen. _____ Erwarten war der eine Jugendliche jedoch nicht bereit, seine Hose in die Waschmaschine zu stecken, und der andere zeigte sich _____willig, sich einen neuen Reflektor zu kaufen, welcher nur wenige Euro kostet. Keiner der beiden Jugendlichen wollte auf eine finanzielle _____gutmachung durch den anderen verzichten. Beide waren der Meinung, ihnen sei unschuldig ein Unglück _____fahren, hierin _____sprachen sie sich immerhin nicht. Der Gesichtsausdruck des Richters spiegelte jedoch Ruhe _____. Der Richter empfahl den beiden die Anzeigen _____ zurückzunehmen beziehungsweise zu _____rufen, da dies finanziell für die Jugendlichen günstiger käme.

Kurze Vokale

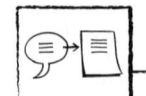

Konsonantenverdoppelung

A

> **Erinnere dich**
>
> Ein einzelner Konsonant, der auf einen kurzen betonten Vokal in einem Wortstamm folgt, wird verdoppelt.
> **Beispiele**: Ra**tt**e, Ka**mm**er, Ba**ll**, Su**pp**e

1. **Führt ein Tandemlückendiktat durch, indem ihr euch gegenseitig die in eurem Text fehlenden Wörter diktiert und anschließend kontrolliert.**

2. **Schreibe den kompletten Text nun als Laufdiktat ab.**

3. **Kontrolliere den Text anschließend mithilfe der Vorlage.**

Schönheitsoperationen werden bei Jugendlichen _____ beliebter, um das _____ Aussehen zu besitzen

Um dem Schönheitsideal der _____ zu entsprechen, _____ sich _____ mehr Jugendliche _____ operieren. _____ das natürliche Aussehen zu akzeptieren, legen sie sich ohne große Überlegungen unter das _____ von Schönheitschirurgen. So übermächtig ist zum Beispiel der _____ wegen einer _____ Nase. Manche Jugendliche leiden auch unter dem _____ Zwang, genauso aussehen zu _____, wie ihr Lieblingsstar im Fernsehen.

Doch **muss** man das wirklich? **Sollten** die Jugendlichen, die sich zu einer Schönheitsoperation **entschlossen** haben, nicht lieber an die eigene Gesundheit denken? **Denn** bei der Operation **kann** leicht etwas schiefgehen. Außerdem **können** leicht **hässliche** Narben zurückbleiben, sodass das **Gejammer dann** groß ist. Empfohlen wird den an einer Schönheitsoperation **interessierten** Jugendlichen, auch an die Kosten für die Operation zu denken, und daran, dass sich Modetrends **schnell** verändern. Deshalb sollte man hier auf jeden **Fall** sehr genau überlegen.

Kurze Vokale

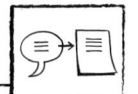

Konsonantenverdoppelung

> **Erinnere dich**
>
> Ein einzelner Konsonant, der auf einen kurzen betonten Vokal in einem Wortstamm folgt, wird verdoppelt.
> **Beispiele**: Ra**tt**e, Ka**mm**er, Ba**ll**, Su**pp**e

1. Führt ein Tandemlückendiktat durch, indem ihr euch gegenseitig die in eurem Text fehlenden Wörter diktiert und anschließend kontrolliert.

2. Schreibe den kompletten Text nun als Laufdiktat ab.

3. Kontrolliere den Text anschließend mithilfe der Vorlage.

---

*Schönheitsoperationen werden bei Jugendlichen immer beliebter, um das **vollkommene** Aussehen zu besitzen*

Um dem Schönheitsideal der **Gesellschaft** zu entsprechen, **lassen** sich **immer** mehr Jugendliche **freiwillig** operieren. **Anstatt** das natürliche Aussehen zu akzeptieren, legen sie sich ohne große Überlegungen unter das **Messer** von Schönheitschirurgen. So übermächtig ist zum Beispiel der **Kummer** wegen einer **krummen** Nase. Manche Jugendliche leiden auch unter dem **inneren** Zwang, genauso aussehen zu **müssen**, wie ihr Lieblingsstar im Fernsehen.

Doch _____ man das wirklich? _____ die Jugendlichen, die sich zu einer Schönheitsoperation _____ haben, nicht lieber an die eigene Gesundheit denken? _____ bei der Operation _____ leicht etwas schiefgehen. Außerdem _____ leicht _____ Narben zurückbleiben, sodass das _____ _____ groß ist. Empfohlen wird den an einer Schönheitsoperation _____ Jugendlichen, auch an die Kosten für die Operation zu denken, und daran, dass sich Modetrends _____ verändern. Deshalb sollte man hier auf jeden _____ sehr genau überlegen.

Fremdwörter

Fremdwörter mit „th"

> **Erinnere dich**
>
> Bei Fremdwörtern wird der T-Laut oft „th" geschrieben. Im Zweifelsfall solltest du im Wörterbuch nachschlagen.
> **Beispiele**: Mathematik, Thron

1. Welche Fremdwörter mit „th" verbergen sich in den Silbensalaten? Finde die Wörter heraus und trage sie in die entsprechende Lücke ein.
2. Kontrolliere deine Ergebnisse mithilfe des Lösungsbogens.
3. Schreibe den Text als Laufdiktat.
4. Kontrolliere dein Diktat.

Jahreszeit der Erkältungskrankheiten beginnt

Mit dem Beginn der kalten Jahreszeit werden wieder Erkältungskrankheiten zum _____ (ma – The). Der _____ (o – The – rie) nach soll es zwar reichen, sich warm anzuziehen, um sich nicht zu erkälten, doch in der Praxis funktioniert dieser Tipp von Ärzten und anderen _____ (peu – ra – The – ten) oft nicht. Das _____ (ter – a – The) mit der Grippe geht trotzdem los und man muss in die _____ (ke – A – the – po), um Medikamente und ein _____ (ter – ber – mo – Fie – ther – me) zu erwerben. Denn _____ (re – o – the – tisch) und auch praktisch kann man überall mit Grippeviren in Berührung kommen und sich anstecken.

Einige Wissenschaftler stellen die _____ (se – The) auf, dass ein regelmäßiger Gang ins _____ (mal – bad – Ther) nichts bringt, um sich abzuhärten. Das Tragen einer _____ (ho – mo – se –Ther) und eines _____ (tels – Ther – man – mo) bei starker Kälte nützt hier genauso wenig. Die Erkältungsviren kann man leider kaum aufhalten.

Fremdwörter

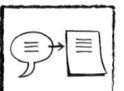

Fremdwörter mit „rh"

> **Erinnere dich**
>
> Bei Fremdwörtern und Namen wird der R-Laut oft „rh" geschrieben. Im Zweifelsfall solltest du im Wörterbuch nachschlagen und musst dir die Schreibweise einfach merken.
> **Beispiel**: Rheuma

1. **Leider sind die Fremdwörter mit „rh" spiegelverkehrt gedruckt. Schreibe sie richtig herum in die jeweilige Lücke.**
2. **Kontrolliere dein Ergebnis mithilfe des Lösungsbogens.**
3. **Schreibe den Text als Wendediktat.**
4. **Kontrolliere dein Diktat.**

Ein ganz besonderer Zoobesuch

Den Jugendlichen einer Schulklasse aus _____ (nessehniehR) widerfuhr gestern ein Erlebnis der besonderen Art beim Zoobesuch. Nachdem die Jugendlichen sich bei einem Unterhaltungskünstler _____ (ehcsirotehr) Darbietungen angehört hatten, bogen sie bei den _____ (nrehcuärtsnordnedodohR) rechts ab und gingen zu den _____ (nessorezonihR). Dem Treiben dieser Nashörner sahen die Jugendlichen eine Weile zu, bis sie zu den _____ (neffasusehR) gelangten. Dort wurde den Jugendlichen eine tolle Zirkusvorstellung geboten: Zwei der Tiere klatschten im _____ (sumhtyhR) und das dritte fuhr mit einem _____ (darnöhR) im Kreis herum. Die Jugendlichen verfolgten die Show gebannt und einige der Jugendlichen fingen nebenher an, den _____ (nehcukrebrabrahR) zu verzehren, den sie in Tupperdosen mitgebracht hatten. Dies fasste der eine _____ (effasusehR) auf dem _____ (darnöhR) als Einladung auf und kam über die Brüstung und holte sich ein Kuchenstück. Damit hatten sie nicht gerechnet.

Fremdwörter

Fremdwörter mit „ph"

> **Erinnere dich**
>
> Bei Fremdwörtern und Namen wird der F-Laut oft „ph" geschrieben. Im Zweifelsfall solltest du im Wörterbuch nachschlagen und musst dir die Schreibweise einfach merken.
> **Beispiel**: Pharao

1. Die Fremdwörter mit „ph" stehen hier in Großbuchstaben. Schreibe die Wörter in richtiger Groß- und Kleinschreibung in die entsprechenden Lücken.
2. Kontrolliere deine Ergebnisse mithilfe des Lösungsbogens.
3. Führe ein Laufdiktat durch.
4. Kontrolliere dein Diktat.

Mitmachkonzert wird zum vollen Erfolg

Entgegen den Befürchtungen einiger Bandmitglieder der Beethovenschule wurde das gestrige Mitmachkonzert nicht zur _____ (KATASTROPHE) für das Ansehen der Band, sondern zu einem _____ (TRIUMPH). Bei dem Konzert, das einfach auf dem _____ (ASPHALTPLATZ) auf dem Schulhof stattfand, konnten einzelne Personen aus dem Publikum jeweils eine _____ (STROPHE) solo vorsingen. Auf diese Weise wurden die Zuhörer _____ (PHASENWEISE) in die Darbietung mit einbezogen, was zu einer tollen _____ (ATMOSPHÄRE) führte. Werner Müller, ein _____ (PHYSIKLEHRER) der Schule, war sehr angetan von dieser Art der Darbietung, genauso wie der _____ (PHYSIOTHERAPEUT) Klaus Löwenzahn. Als Fazit formulierten beide den Appell, dieses _____ (PHÄNOMENALE) Ereignis zu wiederholen.

Lösungen Groß- und Kleinschreibung

Satzanfänge, Namen und Wörter mit Artikel, S. 14

Gedanken zur **Einführung** von **Ganztagsschulen**

Um die **Chancengleichheit** bei der **Bildung** zu steigern, soll in **Deutschland** die **Anzahl** der **Ganztagsschulen** fortwährend gesteigert werden. **Denn** nur so könne man, wie der **Bildungsexperte Volker Klemm** bemerkt, die unterschiedlichen **Voraussetzungen** bei der **Bildung** ausgleichen, da mit**hilfe** eines schulischen **Nachmittagsprogramms** auch den **Jugendlichen**, die aus einem bildungsfernen **Elternhaus** stammen, eine **Art** der **Freizeitgestaltung** angeboten werden könne, die bildungsförderlich sei. **Der Erziehungswissenschaftler Heiner Berlin** hebt hervor, dass die **Jugendlichen** so nicht daheim vor dem **Fernsehgerät** säßen und bereits ab der **Mittagszeit** das komplette **Fernsehprogramm** konsumieren würden. **Stattdessen** hätten sie die **Möglichkeit**, sich in der **Schule** sportlich zu betätigen, was der **Gesundheit** der **Jugendlichen** zuträglich sei. **Sie** könnten in einer **Werk-** oder **Bastelarbeitsgemeinschaft** kreativ tätig sein, was die **Ausdauer**, **Konzentration** und das handwerkliche **Geschick** der **Jugendlichen** fördere. **Andererseits** stellt sich aber auch die **Frage**, ob die **Jugendlichen** begeistert sein würden, dass sie nun ein geringeres **Zeitvolumen** für die außerschulischen **Freizeitaktivitäten** und für private **Verabredungen** hätten.

Wörter mit den Endungen „-heit", „-keit", „-ung", „-nis" und „-tum", S. 15

Sollten Hausaufgaben abgeschafft werden?

In manchen Klassen gehört es inzwischen zum Alltag, dass die **Mehrheit** der Schülerschaft die Hausaufgaben nicht erledigt hat. Deshalb haben sich einige der betroffenen Schulen auf die Suche nach einer **Lösung** für dieses Problem gemacht. So ist die Heinrich-Böll-Schule in Himmelsberg das **Wagnis** eingegangen, die Hausaufgaben für alle Klassen ab dem siebten Schuljahr abzuschaffen. Stattdessen erhalten die Lernenden in jedem Hauptfach eine Stunde mehr Unterricht pro Woche, sodass die **Möglichkeit** besteht, notwendige Übungsaufgaben direkt im Unterricht zu erledigen. Ein solcher Weg könnte nach **Meinung** des Schulleiters Jens Müller auch für zukünftige Ganztagsschulen von Interesse sein, da die **Erledigung** von Hausaufgaben wegen des zunehmenden Nachmittagsunterrichts **Schwierigkeiten** bereitet.
Doch ist die **Abschaffung** von Hausaufgaben wirklich eine erzwungene **Notwendigkeit**?
Ist es nicht ein Irrtum zu glauben, ohne sie auskommen zu können?
In vielen Ganztagsschulen erledigen die Jugendlichen ihre Hausaufgaben auch in einer betreuten Hausaufgabenzeit am Nachmittag in der Schule. Auf diese Weise kann die **Fähigkeit** der Lernenden, **Selbstverantwortung** bei der **Anfertigung** der Hausaufgaben zu übernehmen, weiterhin gefördert werden. Denn die Schule dient der **Vorbereitung** auf das spätere Berufsleben.

Lösungen Groß- und Kleinschreibung

Substantivierung mit Artikel, Artikel und Präposition sowie mit Indefinitpronomen, S. 16

Moderne Technik macht die Kommunikation für Jugendliche leichter

Das **K**ommunizieren, ohne sich persönlich zu treffen, wird für Jugendliche durch die moderne Technik immer leichter. Während es für die Elterngeneration noch etwas **B**esonderes war, zehn Minuten mit Schulfreunden zu **t**elefonieren, so stellt das **T**elefonieren für die heutige Jugendgeneration nichts **A**ußergewöhnliches mehr dar. Vor dem **A**nrufen müssen die Jugendlichen noch nicht einmal mehr ihre Eltern um Erlaubnis **b**itten, da das **S**prechen mit anderen die Telefonrechnung dank einer Flatrate nicht mehr ins **U**nermessliche steigen lassen kann. Denn Jugendliche müssen ihren Freunden immer allerlei **N**eues erzählen, sodass die Telefonate länger dauern **k**önnen. Auch ist es möglich, zum **A**nrufen oder zum **V**erschicken von SMS das eigene Handy zu nutzen. Das Internet bietet darüber hinaus noch weitere Möglichkeiten zur Kommunikation.

Die Schreibung von Anredepronomen und der dazugehörigen Possessivpronomen, S. 17

Sehr geehrter Herr Kugler,

wir bedauern, dass **Sie** sich beschweren mussten, weil **Ihr** Internetanschluss nicht funktioniert. Normalerweise sind unsere Mitarbeiter angehalten, die neu installierten Anschlüsse auf **ihre** Funktionstauglichkeit zu überprüfen, bevor unsere Mitarbeiter wieder zurück in die Firma fahren. Bei **Ihrem** Anschluss haben unsere Mitarbeiter diese Überprüfung, die zu **ihren** Dienstpflichten gehört, leider vergessen. Hierfür möchten wir **Sie** um Entschuldigung bitten und **Ihnen** anbieten, dass so schnell wie möglich einer unserer Mitarbeiter oder Mitarbeiterinnen bei **Ihnen** vorbeikommt und das Problem beseitigt. Bitte geben **Sie** uns umgehend Bescheid, wann er oder **sie** vorbeikommen kann; **Sie** erreichen unsere Mitarbeiter und Mitarbeiterinnen unter der kostenlosen Servicenummer 0101/113456. Er oder **sie** wird sich dann sofort in sein oder **ihr** Auto setzen und zu **Ihnen** fahren, um **Ihren** Internetanschluss flottzumachen. Als Wiedergutmachung für den Nutzungsausfall **Ihres** Anschlusses werden wir auf die Abbuchung der Nutzungsgebühren für diesen Monat verzichten, **Sie** können diesen Monat also kostenlos im Internet surfen.

Hochachtungsvoll
Bernd Weber

Schreibung von Zeitangaben, S. 18

Unsere Klassenfahrt nach Berlin

Vorgestern Nachmittag, am **Freitagnachmittag**, fuhren wir von unserer Schule aus mit dem Bus nach Berlin, wo wir **abends** gegen 21 Uhr ankamen. Wegen der langen Fahrt und des schwülen Wetters waren alle ziemlich müde und gingen spätestens um halb Zwölf ins Bett. Am **Samstagmorgen** mussten wir bereits um 7 Uhr aufstehen, da wir für **morgens** um 9 Uhr eine Führung im Deutschen Historischen Museum gebucht hatten, wo wir uns **gestern Vormittag** über deutsche Geschichte informieren konnten. Das Museum verließen wir dann **mittags** und fuhren, nachdem wir das Brandenburger Tor besichtigt hatten, mit einem Doppeldeckerbus zum Kudamm, wo wir den **Samstagnachmittag** einkaufen durften. **Gestern Abend** gingen wir dann am Potsdamer Platz ins Kino, bevor wir **Samstagabend** todmüde ins Bett fielen und **heute Morgen** wieder in Richtung Heimat fuhren, wo wir **nachmittags** ankamen.

Lösungen Getrennt- und Zusammenschreibung

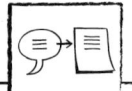

Adjektiv und Verb, S. 20

Was Firmenchefs von Schulabgängern erwarten

„Gute Umgangsformen werden in unserer Firma **großgeschrieben**", dies ließ Lutz Meister gestern die Neunt- und Zehntklässler der Liebig-Gesamtschule wissen, die im Foyer der Schule seinem Vortrag **lauschten**. Meister, der ohne Probleme vor den 150 versammelten Jugendlichen **frei sprechen** und **interessant berichten** konnte, betonte deutlich, dass Jugendliche, die **krankfeiern** beziehungsweise **blaumachen**, in seinem Betrieb nicht erwünscht sind, das wolle er mit seinem Vortrag unbedingt **klarstellen**. Solchen Jugendlichen müsse die Tür zu einer Ausbildung in seinem Betrieb **verschlossen bleiben**, das könne er nicht **schönreden**. Jugendliche, die dagegen durch gute Umgangsformen und viel Engagement im Praktikum überzeugen würden, könne er dagegen **schnell einstellen**, besonders Eigeninitiative sei in seiner Firma erwünscht.

Adjektiv und Partizip, S. 21

Achtung beim Umgang mit Geldautomaten

Im Mega-Einkaufszentrum in Musterstadt hat die Polizei gestern wieder **festgestellt**, dass viele Menschen beim Geldabheben zu sorglos vorgehen. Nachdem über 50 Personen an einem Geldautomaten Geld abgehoben hatten, hat das Bankpersonal bei einer Routineüberprüfung des Geldautomaten eine Skimmingvorrichtung **sichergestellt**, mit deren Hilfe findige Ganoven Kontodaten ausspionieren wollten. Auf diese Weise konnten die Ganoven **schnell gestoppt** werden, bevor sie irgendeinen Schaden anrichten konnten. Nach den Angaben der Polizei hatten die Täter den Skimmingaufsatz einfach auf das Bedienfeld **geschickt geschraubt** und an den Kartenleseschlitz geklemmt. Dass die Kundschaft dies nicht bemerkt hat, verwundert den Polizeibeamten Huber. Offenbar seien die Menschen beim Geldabheben gedanklich mit anderen Dingen beschäftigt gewesen, sodass es ihnen **schwergefallen** sei, die Skimmingvorrichtung zu bemerken. Er rät hier jedoch zu mehr Wachsamkeit, denn nicht in allen Fällen werde der entstandene Schaden dem Kunden wieder auf dem Konto **gutgeschrieben**.

Straßennamen, S. 22

Wie geht es zur Mega-Dance-Party?

Die Mega-Dance-Party am **Berliner Platz** erreicht ihr vom Hauptbahnhof aus folgendermaßen: Geht zunächst die **Bahnhofsstraße** bis zur **Theodor-Fontane-Straße** entlang und biegt dann rechts in diese ein und folgt dem Straßenverlauf bis zum **Altmarkt**. Von diesem müsst ihr dann nach rechts in die **Neue Gasse** einbiegen und diese bis zum **Kastanienweg** entlanglaufen, der links abgeht. Lauft diesen nun entlang, bis ihr zum **Martin-Luther-Platz** kommt. Überquert diesen und geht noch 200 Meter geradeaus, bis ihr auf die Straße **Unter den Buchen** stoßt. Folgt dieser nun bis zur **Schillerstraße**. Nach wenigen Metern geht von dieser links der **Landgraf-Philipp-Weg** ab. Wenn ihr diesen immer geradeaus weiterlauft, kommt ihr automatisch zum **Berliner Platz** und könnt euch ins Tanzvergnügen stürzen.

Lösungen Ähnliche Konsonanten

„b/p", „d/t", „g/k", S. 27

Schulkonferenz erteilt Vorschlag **über die Wiedereinführun**g **der Samsta**g**sschule eine Absa**g**e**

Datteln – Gestern sprach sich die aus Schülern, Eltern und Lehrern bestehende Schulkonferenz der Theodor-Fontane-Gesamtschule gegen den Vorschla**g** von Schulra**t** Johannes Taubner aus, die Samsta**g**sschule wieder einzuführen. Denn der Praxista**g**, an dem die Achtklässler jeweils einen Ta**g** in der Woche in einem Betrie**b** praktisch lernen sollen, bring**t** die Schwieri**g**keit mit sich, dass der Unterricht auf die anderen Ta**g**e umverteilt werden muss. Aus diesem Grun**d** ga**b** Schulra**t** Taubner der Schulkonferenz den Ra**t**, über die Wiedereinführung des Samsta**g**sunterrichts nachzudenken, um fast tä**g**lichen Nachmitta**g**sunterricht zu vermeiden. Doch dieser Vorstoß wurde zurückgewiesen, da es samsta**g**s schwieri**g** ist, mit dem Bus zur Schule zu gelangen und die Schülerschaf**t** nicht bei Win**d** und Wetter dazu verdonnert werden kann, mit dem Fahrra**d** zur Schule zu kommen. Ein Taxi kostet auch zu viel Gel**d**. Außerdem sind die Jugendlichen samsta**g**s lie**b**er im Par**k** oder anderswo als in der Schule. So erwies sich die Idee als Flo**p**. Es führt nun doch kein We**g** an verstärktem Nachmitta**g**sunterricht an der Theodor-Fontane-Gesamtschule vorbei.

„end-" oder „ent-", S. 28

Elmshorn verliert **End**spiel gegen Itzehoe

Mit einer **Ent**täuschung war gestern das Handball**end**spiel in Elmshorn zwischen der Jugendmannschaft des HSV Itzehoe und der Jugendmannschaft des TSV Elmshorn für die Gastgebermannschaft verbunden. Dabei konnten es die beiden Mannschaften kaum erwarten, bis das Spiel **end**lich losging und sie in den **End**spurt starten konnten. Denn zunächst verzögerte ein zwanzigminütiger Stromausfall den Beginn der heißersehnten **Ent**scheidung. Einige Fans hatten schon **ent**geisterte Gesichter, weil die Fans dachten, die Techniker würden das **ent**standene Lichtproblem nicht in den Griff bekommen. Doch **ent**gegen aller schlimmen Befürchtungen hatten die Techniker schnell Erfolg mit ihren Bemühungen und das Spiel konnte beginnen. Obwohl die Elmshorner zunächst 3:1 führten, gelang es der Mannschaft aus Itzehoe, die immer noch **ent**schlossen um den Sieg kämpfte, kurz vor Schluss ein **End**ergebnis von 4:3 für sich zu verbuchen. Mit **Ent**setzen musste die Elmshorner Mannschaft zusehen, wie die gegnerische Mannschaft drei Tore hintereinander warf.

Lösungen Gleichklingende Vokale

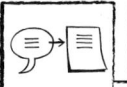

„e" oder „ä", S. 33

Marketingexp**e**rten verst**e**cken W**e**rbung in Internetforen

Immer m**e**hr Menschen tauschen sich gegenw**ä**rtig in Internetforen über allerlei Dinge aus. Dies ist auch von der W**e**rbeindustrie nicht unbem**e**rkt geblieben, die die Internetforen l**ä**ngst für ihre Zw**e**cke entd**e**ckt hat. Dabei beschr**ä**nkt sich die W**e**rbeindustrie keinesfalls darauf, l**e**diglich an den R**ä**ndern des Bildschirms W**e**rbung für **e**tliche Produkte zu zeigen. Die W**e**rbemacher sind vielm**e**hr so geschickt, sich mit gef**ä**lschter Identität unter die gewöhnlichen Mitglieder des Forums zu mischen. Auf diesem W**e**ge können sie ganz einfach auf ihr Produkt aufm**e**rksam machen, indem sie mit anderen eine Diskussion darüber beginnen, ob ihnen das Produkt bekannt ist und wie sie es beurteilen. Bei einem Klingelton oder Musikdownload werden die anderen so dazu verleitet, sich diesen schnellstens herunterzuladen, um mitr**e**den zu können. Um für andere attraktiver zu werden und besser mit anderen anb**ä**ndeln zu können, tr**e**ten die W**e**rber dabei oft noch mit ver**ä**ndertem Geschl**e**cht auf. Denn so fallen sie beispielsweise als Frau in der Masse der m**ä**nnlichen Forennutzer st**ä**rker auf und werden **e**her von anderen kontaktiert.

„i", „ie", „ieh", „ih", S. 36

War Hündin reif für die Insel?

Das fragten sich gestern zwei **Polizei**beamte in Westerland auf Sylt, als sie zum dortigen Bahnhof gerufen wurden, weil dort eine herrenlose Schäferhündin mitten im Bahnhofsgebäude saß und die Passanten anbellte. Wie Passanten den Beamten berichteten, war die Hündin mit ihnen gemeinsam aus der zuvor gekommenen Nord-Ostsee-Bahn gestiegen. Dies konnten die **Poli**zisten zwar zunächst nicht glauben, doch als es ihnen gelang, das Tier mithilfe eines Wurstbrotes zu beruhigen und das Namensschildchen vom Halsband abzunehmen, schien diese Aussage gar nicht mehr so unzutreffend zu sein. Denn auf dem Schild war eine Telefonnummer mit der Vorwahl der auf dem Festland liegenden Gemeinde Niebüll notiert. Als die Beamten dort anriefen, stellte sich schnell heraus, dass die Hündin Astra von einem Bauernhof aus Niebüll stammte und offenbar allein von dort zum Bahnhof marschiert und unbemerkt in den Zug gestiegen war. Der Besitzer vermutet als Grund für den Ausflug, dass Astra von ihren vier Jungen und dem restlichen Vieh in der Scheune so genervt war, dass sie auf Sylt eine **Brise** Seeluft schnuppern wollte.

„wider" oder „wieder", S. 37

Zusammenstoß zweier jugendlicher Fahrradfahrer endet vor Gericht

Kulmbach – Gestern zeigte sich **wieder** einmal vor Gericht, wie zwei jugendliche Fahrradfahrer durch ihre Unnachgiebigkeit aus einer Mücke einen Elefanten machten. Die beiden **Widersacher** waren vergangenen Sommer an einer unübersichtlichen Kreuzung mit ihren Fahrrädern zusammengestoßen. Dabei war bei dem einen Radfahrer lediglich ein Speichenreflektor zu Bruch gegangen, während der andere Radfahrer nur ein wenig Schmiere an das Hosenbein bekommen hatte. Nachdem die herbeigerufenen Streifenbeamten keine eindeutige Schuld feststellen konnten und es ihnen aufgrund der geringen Schadenshöhe **widersinnig** erschien, ein Ermittlungsverfahren einzuleiten, schlugen sie den Jugendlichen vor, jeweils den eigenen Schaden zu beseitigen. **Wider Erwarten** war der eine Jugendliche jedoch nicht bereit, seine Hose in die Waschmaschine zu stecken, und der andere zeigte sich **widerwillig**, sich einen neuen Reflektor zu kaufen, welcher nur wenige Euro kostet. Keiner der beiden Jugendlichen wollte auf eine finanzielle **Wiedergutmachung** durch den anderen verzichten. Beide waren der Meinung, ihnen sei unschuldig ein Unglück **widerfahren**, hierin **widersprachen** sie sich immerhin nicht. Der Gesichtsausdruck des Richters spiegelte jedoch Ruhe **wider**. Der Richter empfahl den beiden die Anzeigen **wieder** zurückzunehmen beziehungsweise zu **widerrufen**, da dies finanziell für die Jugendlichen günstiger käme.

Lösungen Fremdwörter

Fremdwörter mit „th", S. 40

Jahreszeit der Erkältungskrankheiten beginnt

Mit dem Beginn der kalten Jahreszeit werden wieder Erkältungskrankheiten zum **Thema** (ma – The). Der **Theorie** (o – The – rie) nach soll es zwar reichen, sich warm anzuziehen, um sich nicht zu erkälten, doch in der Praxis funktioniert dieser Tipp von Ärzten und anderen **Therapeuten** (peu – ra – The – ten) oft nicht. Das **Theater** (ter – a – The) mit der Grippe geht trotzdem los und man muss in die **Apotheke** (ke – A – the – po), um Medikamente und ein **Fieberthermometer** (ter – ber – mo – Fie – ther – me) zu erwerben. Denn **theoretisch** (re – o – the – tisch) und auch praktisch kann man überall mit Grippeviren in Berührung kommen und sich anstecken. Einige Wissenschaftler stellen die **These** (se – The) auf, dass ein regelmäßiger Gang ins **Thermalbad** (mal – bad – Ther) nichts bringt, um sich abzuhärten. Das Tragen einer **Thermohose** (ho – mo – se –Ther) und eines **Thermomantels** (tels – Ther – man – mo) bei starker Kälte nützt hier genauso wenig. Die Erkältungsviren kann man leider kaum aufhalten.

Fremdwörter mit „rh", S. 41

Ein ganz besonderer Zoobesuch

Den Jugendlichen einer Schulklasse aus **Rheinhessen** (nessehniehR) widerfuhr gestern ein Erlebnis der besonderen Art beim Zoobesuch. Nachdem die Jugendlichen sich bei einem Unterhaltungskünstler **rhetorische** (ehcsirotehr) Darbietungen angehört hatten, bogen sie bei den **Rhododendronsträuchern** (nrehcuärtsnordnedodohR) rechts ab und gingen zu den **Rhinozerossen** (nessorezonihR). Dem Treiben dieser Nashörner sahen die Jugendlichen eine Weile zu, bis sie zu den **Rhesusaffen** (neffasusehR) gelangten. Dort wurde den Jugendlichen eine tolle Zirkusvorstellung geboten: Zwei der Tiere klatschten im **Rhythmus** (sumhtyhR) und das dritte fuhr mit einem **Rhönrad** (darnöhR) im Kreis herum. Die Jugendlichen verfolgten die Show gebannt und einige der Jugendlichen fingen nebenher an, den **Rharbarberkuchen** (nehcukrebrabrahR) zu verzehren, den sie in Tupperdosen mitgebracht hatten. Dies fasste der eine **Rhesusaffe** (effasusehR) auf dem **Rhönrad** (darnöhR) als Einladung auf und kam über die Brüstung und holte sich ein Kuchenstück. Damit hatten sie nicht gerechnet.

Fremdwörter mit „ph", S. 42

Mitmachkonzert wird zum vollen Erfolg

Entgegen den Befürchtungen einiger Bandmitglieder der Beethovenschule wurde das gestrige Mitmachkonzert nicht zur **Katastrophe** (KATASTROPHE) für das Ansehen der Band, sondern zu einem **Triumph** (TRIUMPH). Bei dem Konzert, das einfach auf dem **Asphaltplatz** (ASPHALTPLATZ) auf dem Schulhof stattfand, konnten einzelne Personen aus dem Publikum jeweils eine **Strophe** (STROPHE) solo vorsingen. Auf diese Weise wurden die Zuhörer **phasenweise** (PHASENWEISE) in die Darbietung mit einbezogen, was zu einer tollen **Atmosphäre** (ATMOSPHÄRE) führte. Werner Müller, ein **Physiklehrer** (PHYSIKLEHRER) der Schule, war sehr angetan von dieser Art der Darbietung, genauso wie der **Physiotherapeut** (PHYSIOTHERAPEUT) Klaus Löwenzahn. Als Fazit formulierten beide den Appell, dieses **phänomenale** (PHÄNOMENALE) Ereignis zu wiederholen.

Abschreibdiktate
für Lernende mit verstärktem Übungsbedarf zur Binnendifferenzierung

Groß- und Kleinschreibung 50
    Satzanfänge, Namen und Wörter mit Artikel 50
    Wörter mit den Endungen „-heit", „-keit", „-ung", „-nis" und „-tum" 51
    Substantivierung mit Artikel, Artikel und Präposition sowie
    mit Indefinitpronomen 52
    Die Schreibung von Anredepronomen und den dazugehörigen
    Possessivpronomen 53
    Schreibung von Zeitangaben 54

Getrennt- und Zusammenschreibung 55
    Adjektiv und Verb 55
    Adjektiv und Partizip 56
    Straßennamen 57

S-Schreibung 58
    Wörter mit „s" – „ss" – „ß" 58
    „das" – „dass" 59

Ähnliche Konsonanten 61
    „b/p", „d/t", „g/k" 61
    „end-" oder „ent-" 62
    „-ig", „-lich", „-isch" 63
    „f" oder „v" 64

Gleichklingende Vokale 65
    „e" oder „ä" 65
    Wörter mit „eu" und „äu" 66
    „i", „ie", „ieh", „ih" 67
    „wider" oder „wieder" 68

Kurze Vokale (Schärfung) / Konsonantenverdoppelung 69

Fremdwörter 70
    Fremdwörter mit „th" 70
    Fremdwörter mit „rh" 71
    Fremdwörter mit „ph" 72

Lösungen 73

Groß- und Kleinschreibung

Satzanfänge, Namen und Wörter mit Artikel

> **Erinnere dich**
>
> Satzanfänge, Namen und Wörter mit Artikeln (der, die, das, ein, eine) werden großgeschrieben.
> **Beispiel:** Herr Müller fährt mit dem Fahrrad um die Ecke.

1. **In dem Text sind alle Wörter kleingeschrieben. Umkreise in dem Text zunächst alle Namen und alle Satzanfänge.**

2. **Unterstreiche alle Artikel mit den dazugehörigen Nomen.**

3. **Kontrolliere deine Ergenbisse mithilfe des Lösungsbogens.**

4. **Schreibe den Text als Abschreibdiktat in richtiger Groß- und Kleinschreibung ab.**

5. **Kontrolliere deine Lösung anschließend mithilfe des Lösungsbogens.**

---

gedanken zur einführung von ganztagsschulen

um die chancengleichheit bei der bildung zu steigern, soll in deutschland die anzahl der ganztagsschulen fortwährend gesteigert werden. denn nur so könne man, wie der bildungsexperte volker klemm bemerkt, die unterschiedlichen voraussetzungen bei der bildung ausgleichen, da mithilfe eines schulischen nachmittagsprogramms auch den jugendlichen, die aus einem bildungsfernen elternhaus stammen, eine art der freizeitgestaltung angeboten werden könne, die bildungsförderlich sei. der erziehungswissenschaftler heiner berlin hebt hervor, dass die jugendlichen so die möglichkeit hätten, sich in der schule sportlich zu betätigen, was der gesundheit der jugendlichen zuträglich sei. sie könnten in einer werk- oder bastelarbeitsgemeinschaft kreativ tätig sein, was die ausdauer, konzentration und das handwerkliche geschick der jugendlichen fördere. andererseits stellt sich aber auch die frage, ob die jugendlichen begeistert sein würden, dass sie nun ein geringeres zeitvolumen für die außerschulischen freizeitaktivitäten und für private verabredungen hätten.

Groß- und Kleinschreibung

Wörter mit den Endungen „-heit", „-keit", „-ung", „-nis" und „-tum"

> **Erinnere dich**
> Wörter mit den Endungen „-heit", „-keit", „-ung", „-nis" und „-tum" werden immer großgeschrieben.
> **Beispiele:** Freiheit, Sauberkeit, Zeitung, Zeugnis, Altertum

1. In diesem Text fehlen einige Wörter. Trage deshalb die Wörter der Reihe nach in die Lücken ein.
2. Schreibe danach den Text als Abschreibdiktat in richtiger Groß- und Kleinschreibung ab.
3. Kontrolliere deinen Text mithilfe des Lösungsbogens.

Mehrheit – Lösung – Wagnis – Möglichkeit – Meinung – Erledigung – Schwierigkeiten – Abschaffung – Notwendigkeit – Irrtum – Fähigkeit – Selbstverantwortung – Anfertigung – Vorbereitung

Sollten Hausaufgaben abgeschafft werden?

In manchen Klassen gehört es inzwischen zum Alltag, dass die _____ der Schülerschaft die Hausaufgaben nicht erledigt hat. Deshalb haben sich einige der betroffenen Schulen auf die Suche nach einer _____ für dieses Problem gemacht. So ist die Heinrich-Böll-Schule in Himmelsberg das _____ eingegangen, die Hausaufgaben für alle Klassen ab dem siebten Schuljahr abzuschaffen. Stattdessen erhalten die Lernenden in jedem Hauptfach eine Stunde mehr Unterricht pro Woche, sodass die _____ besteht, notwendige Übungsaufgaben direkt im Unterricht zu erledigen. Ein solcher Weg könnte nach _____ des Schulleiters Jens Müller auch für zukünftige Ganztagsschulen von Interesse sein, da die _____ von Hausaufgaben wegen des zunehmenden Nachmittagsunterrichts _____ bereitet.
Doch ist die _____ von Hausaufgaben wirklich eine erzwungene _____? Ist es nicht ein _____ zu glauben, ohne sie auskommen zu können?
In vielen Ganztagsschulen erledigen die Jugendlichen ihre Hausaufgaben auch in einer betreuten Hausaufgabenzeit am Nachmittag in der Schule. Auf diese Weise kann die _____ der Lernenden, _____ bei der _____ der Hausaufgaben zu übernehmen, weiterhin gefördert werden. Denn die Schule dient der _____ auf das spätere Berufsleben.

Groß- und Kleinschreibung

Substantivierung mit Artikel, Artikel und Präposition sowie mit Indefinitpronomen

> **Erinnere dich**
>
> Großgeschrieben werden: substantivierte Verben und Adjektive mit einem Artikel (der, die, das, ein, eine) davor, Verben mit Präposition und Artikel (bei dem, beim, zu dem, zum ...) sowie Adjektive nach Indefinitpronomen (nichts, etwas, alles, allerlei, wenig, viel, genug).
> **Beispiele:** Das Aufräumen dauerte nicht lange, es war das Einfachste.
> Beim Streichen fiel er von der Leiter.
> Er wusste nichts Neues.

[1] **Ergänze die Wörter aus dem Kasten der Reihe nach.**

[2] **Kontrolliere deine Ergebnisse mithilfe des Lösungsbogens.**

[3] **Schreibe den Text als Laufdiktat.**

Das Kommunizieren – etwas Besonderes – das Telefonieren – nichts Außergewöhnliches – Vor dem Anrufen – das Sprechen – ins Unermessliche – allerlei Neues – zum Anrufen – zum Verschicken

---

Moderne Technik macht die Kommunikation für Jugendliche leichter

_____ _____, ohne sich persönlich zu treffen, wird für Jugendliche durch die moderne Technik immer leichter. Während es für die Elterngeneration noch _____ _____ war, zehn Minuten mit Schulfreunden zu telefonieren, so stellt _____ _____ für die heutige Jugendgeneration _____ mehr dar. _____ _____ _____ müssen die Jugendlichen noch nicht einmal mehr ihre Eltern um Erlaubnis bitten, da _____ _____ mit anderen die Telefonrechnung dank einer Flatrate nicht mehr _____ steigen lassen kann. Denn Jugendliche müssen ihren Freunden immer _____ erzählen, sodass die Telefonate länger dauern können. Auch ist es möglich, _____ _____ oder _____ _____ von SMS das eigene Handy zu nutzen. Das Internet bietet darüber hinaus noch weitere Möglichkeiten zur Kommunikation.

Groß- und Kleinschreibung

Die Schreibung von Anredepronomen und der dazugehörigen Possessivpronomen

> **Erinnere dich**
>
> Das Anredepronomen „Sie" sowie die verschiedenen Formen des dazugehörigen Possessivpronomens „Ihr" schreibt man groß.
> Das Personalpronomen „sie" und die dazugehörigen Formen des Possessivpronomens „ihr" müssen dagegen kleingeschrieben werden.
> *Beispiele:* Bitte parken Sie Ihr Auto um.
> Da ist Lara, sie parkte gerade ihr Auto um.

1. Anrede- oder Personalpronomen? Ergänze alle Lücken mit „ie" durch „S" oder „s".
2. Wozu gehören die Possessivpronomen? Ergänze in den restlichen Lücken „I" oder „i".
3. Kontrolliere deine Ergebnisse mithilfe des Lösungsbogens.
4. Schreibe den Text in richtiger Groß- und Kleinschreibung ab.
5. Kontrolliere deinen Text.

Sehr geehrter Herr Kugler,

wir bedauern, dass __ie sich beschweren mussten, weil __hr Internetanschluss nicht funktioniert. Normalerweise sind unsere Mitarbeiter angehalten, die neu installierten Anschlüsse auf __hre Funktionstauglichkeit zu überprüfen, bevor unsere Mitarbeiter wieder zurück in die Firma fahren. Bei __hrem Anschluss haben unsere Mitarbeiter diese Überprüfung, die zu __hren Dienstpflichten gehört, leider vergessen. Hierfür möchten wir __ie um Entschuldigung bitten und __hnen anbieten, dass so schnell wie möglich einer unserer Mitarbeiter oder Mitarbeiterinnen bei __hnen vorbeikommt und das Problem beseitigt. Bitte geben __ie uns umgehend Bescheid, wann er oder __ie vorbeikommen kann; __ie erreichen unsere Mitarbeiter und Mitarbeiterinnen unter der kostenlosen Servicenummer 0101/123456. Er oder __ie wird sich dann sofort in sein oder __hr Auto setzen und zu __hnen fahren, um __hren Internetanschluss flottzumachen. Als Wiedergutmachung berechnen wir __hnen für diesen Monat keine Nutzungsgebühren.

Hochachtungsvoll
Bernd Weber

Groß- und Kleinschreibung

Schreibung von Zeitangaben

> **Erinnere dich**
>
> Zeitangaben, die durch Zeitadverbien wie zum Beispiel „morgens, mittwochs" oder „donnerstagabends" ausgedrückt werden, müssen kleingeschrieben werden. Zusammensetzungen aus Wochentagen wie zum Beispiel „Dienstagabend" oder „Freitagmorgen" werden dagegen großgeschrieben.
> Bei Tageszeiten, die hingegen mit „heute, gestern, vorgestern, morgen" oder „übermorgen" verbunden werden, ist das erste Wort kleinzuschreiben und das zweite, das die Tageszeit bezeichnet, großzuschreiben, wie zum Beispiel „heute Abend" oder „gestern Nachmittag".

1. **Füge die Zeitangaben aus dem Kasten der Reihe nach in die Lücken ein.**
2. **Kontrolliere mithilfe des Lösungsbogens.**
3. **Schreibe nun den kompletten Text als Laufdiktat ab.**
4. **Kontrolliere deinen Text.**

Vorgestern Nachmittag – Freitagnachmittag – abends – Samstagmorgen – morgens – gestern Vormittag – mittags – Samstagnachmittag – Gestern Abend – heute Morgen – nachmittags

---

Unsere Klassenfahrt nach Berlin

_____ _____, am _____,
fuhren wir von unserer Schule aus mit dem Bus nach Berlin, wo wir _____
gegen 21 Uhr ankamen. Wegen der langen Fahrt und des schwülen Wetters waren
alle ziemlich müde und gingen spätestens um halb Zwölf ins Bett.
Am _____ mussten wir bereits um 7 Uhr aufstehen, da wir für
_____ um 9 Uhr eine Führung im Deutschen Historischen Museum
gebucht hatten, wo wir uns _____ _____
über deutsche Geschichte informieren konnten. Das Museum verließen wir dann
_____ und fuhren, nachdem wir das Brandenburger Tor besichtigt hatten,
mit einem Doppeldeckerbus zum Kudamm, wo wir den _____
einkaufen durften. _____ gingen wir dann
am Potsdamer Platz ins Kino, bevor wir _____
wieder in Richtung Heimat fuhren, wo wir _____ ankamen.

Getrennt- und Zusammenschreibung

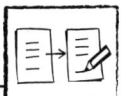

Adjektiv und Verb

> **Erinnere dich**
>
> Zusammensetzungen aus Adjektiv und Verb werden in der Regel getrennt geschrieben. Sie müssen lediglich zusammengeschrieben werden, wenn eine neue, übertragene Bedeutung vorliegt.
> **Beispiele**: Du kannst die Tür offen lassen. (= wörtliche Bedeutung)
> Er wollte die Entscheidung bewusst noch offenlassen.
> (= übertragene Bedeutung im Sinne von „unentschieden lassen")

1. Bei dem Diktat sind leider alle Adjektive und Verben, die nebeneinander stehen, in Silben zerlegt worden. Markiere durch Einkreisen, welche Adjektive und Verben zusammengeschrieben werden müssen und welche nicht.

2. Vergleiche deine Ergebnisse mit dem Lösungsbogen.

3. Schreibe den Text als Abschreibdiktat.

4. Kontrolliere deinen Text mithilfe des Lösungsbogens.

Was Firmenchefs von Schulabgängern erwarten

„Gute Umgangsformen werden in unserer Firma **groß ge schrie ben**", dies ließ Lutz Meister gestern die Neunt- und Zehntklässler der Liebig-Gesamtschule wissen, die im Foyer der Schule seinem Vortrag lauschten. Meister, der ohne Probleme vor den 150 versammelten Jugendlichen **frei spre chen** und **in te res sant be rich ten** konnte, betonte deutlich, dass Jugendliche, die **krank fei ern** beziehungsweise **blau ma chen**, in seinem Betrieb nicht erwünscht sind, das wolle er mit seinem Vortrag unbedingt **klar stel len**. Solchen Jugendlichen müsse die Tür zu einer Ausbildung in seinem Betrieb **ver schlos sen blei ben**, das könne er nicht **schön re den**. Jugendliche, die dagegen durch gute Umgangsformen und viel Engagement im Praktikum überzeugen würden, könne er dagegen **schnell ein stel len**, besonders Eigeninitiative sei in seiner Firma erwünscht.

Getrennt- und Zusammenschreibung

Adjektiv und Partizip

> **Erinnere dich**
>
> Zusammensetzungen aus Adjektiv und Partizip werden in der Regel getrennt geschrieben. Sie müssen lediglich zusammengeschrieben werden, wenn eine neue, übertragene Bedeutung vorliegt.
> **Beispiele**: Er hat den Joghurt kalt gestellt. (= wörtliche Bedeutung)
> Er hat seinen Mitarbeiter kaltgestellt.
> (= übertragene Bedeutung im Sinne von „nicht beachtet")

1. Leider sind in dem Text alle Adjektive und Partizpien, die nebeneinanderstehen, zu Wortschlangen verschmolzen. Kreise dir die vier Adjektive und Partizpien ein, die zusammengeschrieben werden müssen, und trenne diejenigen, die auseinandergeschrieben werden müssen, durch einen senkrechten Strich.

2. Vergleiche deine Ergebnisse mit dem Lösungsbogen.

3. Schreibe den Text als Abschreibdiktat.

4. Kontrolliere deinen Text mithilfe des Lösungsbogens.

Achtung beim Umgang mit Geldautomaten

Im Mega-Einkaufszentrum in Musterstadt hat die Polizei gestern wieder **festgestellt**, dass viele Menschen beim Geldabheben zu sorglos vorgehen. Nachdem über 50 Personen an einem Geldautomaten Geld abgehoben hatten, hat das Bankpersonal bei einer Routineüberprüfung des Geldautomaten eine Skimmingvorrichtung **sichergestellt**, mit deren Hilfe findige Ganoven Kontodaten ausspionieren wollten. Auf diese Weise konnten die Ganoven **schnellgestoppt** werden, bevor sie irgendeinen Schaden anrichten konnten. Nach den Angaben der Polizei hatten die Täter den Skimmingaufsatz einfach auf das Bedienfeld **geschicktgeschraubt** und an den Kartenleseschlitz geklemmt. Dass die Kundschaft dies nicht bemerkt hat, verwundert den Polizeibeamten Huber. Offenbar seien die Menschen beim Geldabheben gedanklich mit anderen Dingen beschäftigt gewesen, sodass es ihnen **schwergefallen** sei, die Skimmingvorrichtung zu bemerken. Er rät hier jedoch zu mehr Wachsamkeit, denn nicht in allen Fällen werde der entstandene Schaden dem Kunden wieder auf dem Konto **gutgeschrieben**.

Getrennt- und Zusammenschreibung

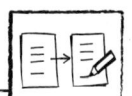

Straßennamen

> **Erinnere dich**
>
> Straßennamen können zusammen, getrennt oder mit Bindestrich geschrieben werden. Zusammengeschrieben werden Straßennamen, wenn das Bestimmungswort vor dem Grundwort (Straße, Weg usw.) ein Nomen, ein eingliedriger Name oder ein ungebeugtes Adjektiv ist (Baumweg, Fontanestraße, Hochgasse).
> Getrennt geschrieben werden sie, wenn sie eine Ableitung von einem geografischen Namen aufweisen (Frankfurter Tor), ein gebeugtes Adjektiv beinhalten (Breite Straße) oder eine Präposition enthalten (Unter den Eichen).
> Straßennamen, deren Bestimmungswort dagegen aus mehrgliedrigen Namen (Franz-Kafka-Weg) oder mehreren Wörtern (Kaiser-Wilhelm-Allee) bestehen, werden mit Bindestrich geschrieben.

1. Leider sind bei Wegbeschreibung zur Mega-Dance-Party die Straßennamen zu Wortschlangen verschmolzen. Trage deshalb die Straßennamen in der richtigen Getrennt- und Zusammenschreibung in die Lücken ein. Achtung, an einigen Stellen musst du auch Bindestriche ergänzen.
2. Vergleiche deine Ergebnisse mit dem Lösungsbogen.
3. Schreibe die Wegbeschreibung nun als Abschreibdiktat ab.
4. Kontrolliere deinen Text anschließend mithilfe des Lösungsbogens.

Wie geht es zur Mega-Dance-Party?

Die Mega-Dance-Party am _____ (BerlinerPlatz) erreicht ihr vom Hauptbahnhof aus folgendermaßen: Geht zunächst die _____ (Bahnhofsstraße) bis zur (TheodorFontaneStraße) entlang und biegt dann rechts in diese ein und folgt dem Straßenverlauf bis zum _____ (Altmarkt). Von diesem müsst ihr dann nach rechts in die _____ (NeueGasse) einbiegen und diese bis zum _____ (Kastanienweg) entlanglaufen, der links abgeht. Lauft diesen nun entlang, bis ihr zum _____ (MartinLutherPlatz) kommt. Überquert diesen und geht noch 200 Meter geradeaus, bis ihr auf die Straße _____ (UnterdenBuchen) stoßt. Folgt dieser nun bis zur _____ (Schillerstraße). Nach wenigen Metern geht von dieser links der _____ (LandgrafPhilippWeg) ab. Wenn ihr diesen immer geradeaus weiterlauft, kommt ihr automatisch zum _____ (BerlinerPlatz) und könnt euch ins Tanzvergnügen stürzen.

S-Schreibung

Wörter mit „s", „ss" und „ß"

> **Erinnere dich**
>
> Wenn der S-Laut stimmhaft ist, wird „s" geschrieben. Ist der S-Laut dagegen stimmlos, so wird bei einem kurzen Vokal davor „ss" geschrieben und bei einem langen Vokal oder Doppellaut (ei, au) in der Regel „ß" geschrieben.
> *Beispiele*: Vase (stimmhafter S-Laut)
> Fluss (stimmloser S-Laut vor kurzem Vokal)
> Straße (stimmloser S-Laut vor langem Vokal)
> Blumenstrauß (stimmloser S-Laut vor einem Doppellaut)

1. **Füge die Wörter aus dem Kasten der Reihe nach in den Text ein.**
2. **Kontrolliere mithilfe deines Lösungsbogens, ob du alles richtig eingesetzt hast.**
3. **Schreibe den kompletten Text als Laufdiktat ab.**
4. **Kontrolliere deinen Text.**

veranlasste – herausfand – sorglos – persönliche – Nutznießerin – Leichtsinns – Interesse – Schließlich – passgenau – Adresse – passieren – Spaß – büßen – müssen – verantwortungsbewusst

---

Jugendliche veröffentlichten im Internet private Daten

Berlin – Wie jüngst eine vom OGO-Forschungsinstitut _____ Studie _____, gibt es etliche Jugendliche, die allzu _____ _____ Daten und Bilder von sich im Internet veröffentlichen. Die _____ dieses jugendlichen _____ ist dabei vor allem die Werbeindustrie. Die angegebenen Hobbys und die Telefonnummern sind für sie von hohem _____. _____ können Produkte jetzt _____ per Telefonwerbeanruf, Werbe-SMS oder per Post an die angegebene _____ an den Mann oder die Frau gebracht werden. Daneben kann es _____, dass sich später mögliche Arbeitgeber anhand der dargebotenen Informationen ein erstes Bild über die Bewerber machen, sodass die Jugendlichen für ihren damaligen _____ mit der Ablehnung eines Stellenangebots _____ _____. Jugendliche sollten also unbedingt _____ mit ihren privaten Daten im Internet umgehen.

S-Schreibung

„das" und „dass"

> **Erinnere dich**
>
> Die Schreibung von „das" und „dass" richtet sich nach der grammatischen Funktion, die das Wort im Satz besitzt.
>
> | Grammatische Funktion | Schreibung | Beispielsatz |
> |---|---|---|
> | Artikel | das | Das Wetter ist schlecht. |
> | Relativpronomen | das | Das Kind, das dort steht, weint. |
> | Demonstrativpronomen | das | Felix hat gewonnen. Das freut Tom. |
> | Konjunktion | dass | Lena ärgert sich, dass es regnet. |
>
> Wenn man „dieses, jenes, welches" für „das" einsetzen kann, wird „das" geschrieben, andernfalls „dass".

1. **Ergänze auf deinem Bogen zuerst die fehlenden Buchstaben in Einzelarbeit.**

2. **Suche dir dann jemanden, der den B-Bogen hat, und kontrolliert eure Lösungen gegenseitig.**

3. **Schreibe danach denjenigen Absatz als Laufdiktat, bei dem du keine Lücken ausgefüllt hast.**

4. **Korrigiert eure Diktate gegenseitig.**

Ist **da__** wirklich so toll, ein Superstar zu sein?
In den Medien wird immer wieder davon berichtet, **da__** Jugendliche davon träumen, ein Superstar zu sein. Doch ist dies wirklich so toll, wie Jugendliche sich **da__** vorstellen? **Da__** Bewusstsein, ein Wunderkind zu sein, kann auf jeden Fall **da__** Selbstwertgefühl stärken. Außerdem winkt durch Fernsehauftritte viel Geld, **da__** sich für Jugendliche leicht verdienen lässt. Man kann verstehen, **da__** sie hier versuchen, ihre Chance zu ergreifen. Die Wahrscheinlichkeit ist hoch, **da__** die Jugendlichen von ihren Freunden, Bekannten und Familien Anerkennung für ihre Rolle als Superstar erhalten. Und wer möchte **da__** nicht?
Daran, da**ss** die Jugendlichen dann ständig im Rampenlicht stehen müssen, denken sie jedoch nicht. Keiner der Jugendlichen bedenkt, da**ss** da**s** auf Dauer lästig werden kann, kein Privatleben mehr zu haben, und da**ss** da**s** mit dem Superstardasein verbundene Umherreisen stressig sein kann. Außerdem kann es passieren, da**ss** die sogenannten Superstars sich in der Fernsehsendung zum Teil beleidigende Kommentare durch den Showmaster anhören müssen. Es besteht daher die Gefahr, da**ss** da**s** Superstardasein, da**s** erst so erstrebenswert erschien, schnell zum Albtraum wird.

S-Schreibung

„das" und „dass" **B**

> **Erinnere dich**
>
> Die Schreibung von „das" und „dass" richtet sich nach der grammatischen Funktion, die das Wort im Satz besitzt.
>
> | Grammatische Funktion | Schreibung | Beispielsatz |
> |---|---|---|
> | Artikel | das | Das Wetter ist schlecht. |
> | Relativpronomen | das | Das Kind, das dort steht, weint. |
> | Demonstrativpronomen | das | Felix hat gewonnen. Das freut Tom. |
> | Konjunktion | dass | Lena ärgert sich, dass es regnet. |
>
> Wenn man „dieses, jenes, welches" für „das" einsetzen kann, wird „das" geschrieben, andernfalls „dass".

1. **Ergänze auf deinem Bogen zuerst die fehlenden Buchstaben in Einzelarbeit.**
2. **Suche dir dann jemanden, der den A-Bogen hat, und kontrolliert eure Lösungen gegenseitig.**
3. **Schreibe danach denjenigen Absatz als Laufdiktat, bei dem du keine Lücken ausgefüllt hast.**
4. **Korrigiert eure Diktate gegenseitig.**

Ist da**s** wirklich so toll, ein Superstar zu sein?

In den Medien wird immer wieder davon berichtet, da**ss** Jugendliche davon träumen, ein Superstar zu sein. Doch ist dies wirklich so toll, wie Jugendliche sich da**s** vorstellen? Da**s** Bewusstsein, ein Wunderkind zu sein, kann auf jeden Fall da**s** Selbstwertgefühl von Jugendlichen stärken. Außerdem winkt durch Fernsehauftritte viel Geld, da**s** sich für Jugendliche leicht verdienen lässt. Man kann verstehen, da**ss** sie hier versuchen, ihre Chance zu ergreifen. Die Wahrscheinlichkeit ist hoch, da**ss** die Jugendlichen von ihren Freunden, Bekannten und Familien Anerkennung für ihre Rolle als Superstar erhalten. Und wer möchte da**s** nicht?

Daran, **da__** die Jugendlichen dann ständig im Rampenlicht stehen müssen, denken sie jedoch nicht. Keiner der Jugendlichen bedenkt, **da__ da__** auf Dauer lästig werden kann, kein Privatleben mehr zu haben, und **da__ da__** mit dem Superstardasein verbundene Umherreisen stressig sein kann. Außerdem kann es passieren, **da__** die sogenannten Superstars sich in der Fernsehsendung zum Teil beleidigende Kommentare durch den Showmaster anhören müssen. Es besteht daher die Gefahr, **da__ da__** Superstardasein, **da__** erst so erstrebenswert erschien, schnell zum Albtraum wird.

Ähnliche Konsonanten

„b/p", „d/t", „g/k"

> **Erinnere dich**
>
> Wenn du unsicher bist, ob du „b" oder „p", „d" oder „t", „g" oder „k" schreiben musst, kannst du das Wort um eine Silbe verlängern, um die richtige Schreibweise herauszufinden.
> **Beispiele**: *lieb* von *die Liebe* oder *lieben*, aber *stopp!* von *stoppen* oder der *Stopp*
> *Wald* von *die Wälder*, aber *Welt* von *die Welten*
> *Ring* von *die Ringe*, aber *Fink* von *die Finken*

1. **Ergänze „b" oder „p" bei folgenden Wörtern:**

   Betrie__e, ga__en, Flo__s

2. **Ergänze „d" oder „t" bei folgenden Wörtern:**

   Grün__e, Schulrä__e, ra__en, Wel__en, Fahrrä__er

3. **Ergänze „g" oder „k" bei folgenden Wörtern:**

   vorschla__en, Einführun__en, absa__en, Ta__e, Par__s, We__e

4. **Ergänze nun die Lücken im Text.**

5. **Kontrolliere deine Lösungen mithilfe des Lösungsbogens.**

6. **Schreibe den Text als Wendediktat.**

7. **Kontrolliere deinen Text anschließend.**

Schulkonferenz erteilt Vorschla__ über die Wiedereinführun__ der Samsta__sschule eine Absa__e

Datteln – Gestern sprach sich die Schulkonferenz der Theodor-Fontane-Gesamtschule gegen den Vorschla__ aus, die Samsta__sschule wieder einzuführen. Denn der Praxista__, an dem die Achtklässler jeweils einen Ta__ in der Woche in einem Betrie__ praktisch lernen sollen, brin__t die Schwieri__kei__ mit sich, dass der Unterricht auf die anderen Ta__e umverteilt werden muss. Aus diesem Grun__ ga__ Schulra__ Taubner der Schulkonferenz den Ra__, über die Wiedereinführung des Samsta__sunterrich__s nachzudenken, um fast tä__lichen Nachmitta__sunterricht zu vermeiden. Doch diese Idee wurde zurückgewiesen, da die Jugendlichen samsta__s lie__er im Par__ oder anderswo sind, als in der Schule zu sein, und mit dem Fahrra__ herumkurven. So erwies sich die Idee als Flo__ und es führt nun doch kein We__ an verstärktem Nachmitta__sunterrich__ vorbei.

Ähnliche Konsonanten

„end-" oder „ent-"

> **Erinnere dich**
>
> Die Vorsilbe „end-" wird verwendet, wenn das Wort eine Bedeutung im Sinne von Ende hat. Die Vorsilbe „ent-" wird in allen anderen Fällen mit „t" geschrieben.
> *Beispiele*: Endstück, endgültig
> Entrümpelung, entschuldigen

1. Ergänze in den Lücken „End-" oder „end-".

2. Kontrolliere deine Ergebnisse mithilfe des Lösungsblatts.

3. Schreibe den Text als Laufdiktat.

4. Kontrolliere deinen geschriebenen Text anschließend sorgfältig.

Elmshorn verliert _____spiel gegen Itzehoe

Mit einer Enttäuschung war gestern das Handball_____spiel in Elmshorn zwischen der Jugendmannschaft des HSV Itzehoe und der Jugendmannschaft des TSV Elmshorn für die Gastgebermannschaft verbunden. Dabei konnten es die beiden Mannschaften kaum erwarten, bis das Spiel _____lich losging und sie in den _____spurt starten konnten. Denn zunächst verzögerte ein zwanzigminütiger Stromausfall den Beginn der heißersehnten Entscheidung. Einige Fans hatten schon entgeisterte Gesichter, weil sie dachten, die Techniker würden das entstandene Lichtproblem nicht in den Griff bekommen. Doch entgegen aller schlimmen Befürchtungen hatten die Techniker schnell Erfolg mit ihren Bemühungen und das Spiel konnte beginnen. Obwohl die Elmshorner zunächst 3:1 führten, gelang es der Mannschaft aus Itzehoe, die immer noch entschlossen um den Sieg kämpfte, kurz vor Schluss ein _____ergebnis von 4:3 für sich zu verbuchen. Mit Entsetzen musste die Elmshorner Mannschaft zusehen, wie die gegnerische Mannschaft drei Tore hintereinander warf.

Ähnliche Konsonanten

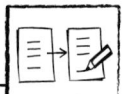

„-ig", „-lich", „-isch"

> **Erinnere dich**
>
> Um herauszufinden, ob sich ein Adjektiv am Ende mit „-ig", „-lich", „-isch" schreibt, musst du es verlängern, indem du ein Nomen dahintersetzt oder die Steigerungsform bildest.
> **Beispiele**: traurig? → der traurige Junge / er war trauriger als ...
> heimlich? → der heimliche Ausflug / heimlicher geht es gar nicht
> zänkisch? → das zänkische Mädchen / es ist zänkischer als ...

1. **Schreibe die Wörter aus dem Kasten der Reihe nach in die Lücken.**

2. **Führe ein Wendediktat durch.**

3. **Kontrolliere dein Diktat anschließend mithilfe des Lösungsbogens.**

schädlich – problematisch – richtig – schwerhörig – fröhlich – einseitig – gefährlich – schließlich – verantwortlich – schnellstmöglich – ständig

---

Zu laute Diskomusik ist auf Dauer _____

Wie eine Studie des UHU-Instituts herausfand, ist es _____,
dass sich viele Jugendliche an den Wochenenden immer wieder mehrere Stunden ohne
Unterbrechung _____ lauter Diskomusik aussetzen. Dabei
denken sie nicht daran, dass sie so ganz leicht _____
werden können. Sie wollen in der Disko _____ tanzen und
verlassen sich deshalb auf das Lautstärkegefühl des DJs.
Aber ist es hier fair, nur die Jugendlichen _____ in die
Pflicht zu nehmen? Für die laute Musik, die _____ für
die Ohren der Jugendlichen ist, sind _____ in erster Linie
die Diskothekenbetreiber und DJs _____. Deshalb sollten
DJs lieber _____ dazu verpflichtet werden,
_____ darauf zu achten, dass die Musiklautstärke sich
in Grenzen hält.

Ähnliche Konsonanten

„f" oder „v"

> **Erinnere dich**
>
> Der F-Laut wird meistens durch den Buchstaben „f" wiedergegeben, es gibt jedoch auch einige Ausnahmen, bei denen „v" geschrieben werden muss. Hierunter fallen vor allem die Vorsilben „ver-" und „vor-" sowie einige weitere Wörter wie zum Beispiel „Vogel", „vorn", „vier" ... Sieh im Zweifelsfall im Wörterbuch nach!
> **Beispiele**: Fenster, Vortrag, Verwaltung, aber Fernseher

1. Schreibe die Wörter aus dem Kasten der Reihe nach in die Lücken.
2. Kontrolliere deine Lösungen mithilfe des Lösungsbogens.
3. Führe ein Laufdiktat durch und kontrolliere dein Diktat.

Medienverhalten – verändert – Früher – Fernsehen – Vielzahl – Verfügung – fallen – vielen – Filme – Funktion – vorbei – Fortschritt – Verbesserungen – Freizeit – Fan – verblüffende

---

_____ bei Jugendlichen _____ sich rasant durch technischen Wandel

_____ war bei den Jugendlichen das _____ Medium Nummer eins. Heutzutage steht den Jugendlichen dagegen eine _____ von Medien zur _____. Hierunter _____ neben dem Fernsehgerät vor allem der Computer, das Handy und der I-Pod. Denn inzwischen kann man mit _____ technischen Geräten _____ ansehen. Die Zeiten, in denen nur das Fernsehen diese _____ erfüllte, sind _____.
Der _____ hat hier zu vielen neuen Möglichkeiten und technischen _____ geführt. Mithilfe des Internets kann man Filme und Sendungen zu jeder beliebigen Zeit sehen. Auf diese Weise kann man seine _____ auch als _____ unabhängig vom Fernsehprogramm gestalten.
Aber auch kleine Geräte wie Handys und I-Pods eröffnen Jugendlichen hier _____ Möglichkeiten.

Gleichklingende Vokale

„e" oder „ä"

> **Erinnere dich**
>
> Um herauszufinden, ob sich ein Wort mit „e" oder „ä" schreibt, musst du überprüfen, ob es ein verwandtes Wort mit „a" gibt, von dem das Wort abgeleitet ist. Wirst du hier fündig, so schreibt sich das Wort in der Regel mit „ä", kannst du dagegen bei der Ableitungsprobe kein Wort mit „a" finden, so schreibt es sich in der Regel mit „e".
> **Beispiele**: Wald → Wälder
> lang → länger/Länge
> Fenster → Fenster
> Stern → Sterne

[1] **Welches Wort ist mit welchem verwandt? Ordne zu und ergänze den fehlenden Buchstaben in der Wortlücke.**

Schranke – falsch – Gegenwart – lang – Rand

gegenw__rtig von _____, l__ngst von _____,

beschr__nkt von _____, R__nder von _____,

verf__lscht von _____

[2] **Ergänze „e" oder „ä" in den Lücken des Diktattextes.**

[3] **Kontrolliere deine Ergebnisse mithilfe des Lösungsbogens.**

[4] **Schreibe den Text als Laufdiktat.**

[5] **Kontrolliere deinen Text.**

Marketingexp__rten verst__ckten W__rbung in Internetforen

Immer m__hr Menschen tauschen sich gegenw__rtig in Internetforen über allerlei Dinge aus. Dies ist auch von der W__rbeindustrie nicht unbem__rkt geblieben, die die Internetforen l__ngst für ihre Zw__cke entd__ckt hat. Dabei beschr__nkt sich die W__rbeindustrie keinesfalls darauf, l__diglich an den R__ndern des Bildschirms W__rbung für __tliche Produkte zu zeigen. Die W__rbemacher sind vielm__hr so geschickt, sich mit gef__lschter Identität unter die gewöhnlichen Mitglieder des Forums zu mischen. Auf diesem W__ge können sie ganz einfach auf ihr Produkt aufm__rksam machen, indem sie mit anderen eine Diskussion darüber beginnen, ob ihnen das Produkt bekannt ist und wie sie es beurteilen.

Gleichklingende Vokale

Wörter mit „äu" und „eu"

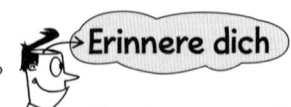

Erinnere dich

Um herauszufinden, ob sich ein Wort mit „äu" oder „eu" schreibt, musst du überprüfen, ob es ein verwandtes Wort mit „au" gibt, von dem das Wort abgeleitet ist. Wirst du hier fündig, so schreibt sich das Wort in der Regel mit „äu", kannst du dagegen bei der Ableitungsprobe kein Wort mit „au" finden, so schreibt es sich in der Regel mit „eu".
Beispiele: Mauer → Gemäuer   Feuer → Feuer

1 **Welches Wort ist mit welchem verwandt? Ordne zu und ergänze die Wortlücke entsprechend.**

Bau – Haufen – verkaufen – Schlauch – Blumenstrauß – Laut

l____ten von _____, h____fig von _____,

Schl____che von _____, Verkäuferin von _____,

Geb____de von _____, Blumenstr____ße von _____

2 **„Äu" oder „eu"? Ergänze die Lücken.**

3 **Schreibe den Text nun als Laufdiktat ab.**

4 **Kontrolliere deinen Text anschließend mithilfe des Lösungsbogens.**

Eine schwierige Frage für Jugendliche

Die Frage, was sie nach ihrem Schulabschluss machen sollen, quält heutzutage viele Jugendliche. Obwohl sie wissen, dass sie das Schulgeb____de bald nicht mehr betreten müssen, sch____en sie h____fig davor zurück, sich im Vorfeld mit dieser Frage auseinanderzusetzen. Denn oft sind sie sich noch unsicher, welcher Beruf ihnen Fr____de bereiten könnte. Doch wie findet man heraus, welcher Beruf zu einem passt? Das ist eine ungeh____er schwierige Frage. Hilfreich kann hier sicher ein Praktikum sein, bei dem man überprüfen kann, ob man gerne mit F____erwehrschl____chen hantiert, lieber als Verk____ferin mit Blumenstr____ßen handelt oder am liebsten im Büro das Telefon bedient, wenn es l____tet. Diesen Praxistest wird man auf keinen Fall ber____en.

Gleichklingende Vokale

„i", „ie", „ieh", „ih"

> **Erinnere dich**
>
> Der kurzgesprochene I-Laut wird immer „i" geschrieben.
> Der lange I-Laut wird meistens „ie" geschrieben, daneben aber auch als „ih", „ieh" und ganz selten auch nur mit „i". Du musst im Wörterbuch nachschlagen, wenn du unsicher bist!
> **Beispiele**: kurzer I-Laut: Mitte
> langer I-Laut: Spiegel, Vieh, ihn, Tiger

[1] In dem Diktattext stellen die Wörter „ihnen", „ihren", „Vieh" und „Brise" eine Ausnahme bei der I-Schreibung dar.
Kreise die Wörter im Text ein und schreibe sie jeweils drei Mal, damit du dir die Schreibweise einprägst.

[2] Führe ein Abschreibdiktat durch.

[3] Kontrolliere deine Ergebnisse mithilfe des Lösungsbogens.

War Hündin reif für die Insel?

Das fragten sich gestern zwei Polizeibeamte in Westerland auf Sylt, als sie zum dortigen Bahnhof gerufen wurden, weil dort eine herrenlose Schäferhündin mitten im Bahnhofsgebäude saß und die Passanten anbellte. Wie Passanten den Beamten berichteten, war die Hündin mit ihnen gemeinsam aus der zuvor gekommenen Nord-Ostsee-Bahn gestiegen. Dies konnten die Polizisten zwar zunächst nicht glauben, doch auf dem Schild war eine Telefonnummer mit der Vorwahl der auf dem Festland liegenden Gemeinde Niebüll notiert. Als die Beamten dort anriefen, stellte sich schnell heraus, dass die Hündin Astra von einem Bauernhof aus Niebüll stammte und offenbar allein von dort zum Bahnhof marschiert und unbemerkt in den Zug gestiegen war. Der Besitzer vermutet als Grund für den Ausflug, dass Astra von ihren vier Jungen und dem restlichen Vieh in der Scheune so genervt war, dass sie auf Sylt eine Brise Seeluft schnuppern wollte.

Gleichklingende Vokale

„wider" oder „wieder"

> **Erinnere dich**
>
> Die Schreibung von „wieder" und „wider" hängt von der Bedeutung ab. Wird das Wort im Sinne von „erneut" oder „zurück" gebraucht, so wird es mit „ie" geschrieben. Hat es dagegen die Bedeutung von „gegen" oder „entgegen", so schreibt man es mit „i".
> **Beispiele**: Er gewann wieder. → Er gewann erneut.
> Er widersetzte sich dem Angriff. → Er wehrte sich gegen den Angriff.

1. **Ergänze bei den folgenden Wörtern „wider" und merke sie dir.**

    _____sacher, _____sinnig, _____Erwarten, _____willig, _____fahren, _____sprechen, etwas _____rufen, _____spiegeln

2. **Ergänze nun „wider" oder „wieder" in den Lücken des Diktattextes.**

3. **Kontrolliere die Ergebnisse mithilfe des Lösungsbogens.**

4. **Führe ein Wendediktat durch und kontrolliere deinen Text anschließend.**

Zusammenstoß zweier jugendlicher Fahrradfahrer endet vor Gericht

Kulmbach – Gestern zeigte sich _____ einmal vor Gericht, wie zwei jugendliche Fahrradfahrer durch ihre Unnachgiebigkeit aus einer Mücke einen Elefanten machten. Die beiden _____sacher waren vergangenen Sommer an einer unübersichtlichen Kreuzung mit ihren Fahrrädern zusammengestoßen. Dabei war beiden nur geringer Sachschaden entstanden. Deshalb erschien es den herbeigerufenen Beamten _____sinnig, ein Ermittlungsverfahren einzuleiten, und sie schlugen den beiden Jugendlichen vor, jeweils den eigenen Schaden zu übernehmen. _____ Erwarten zeigten sich beide Jugendliche nicht dazu bereit und keiner der beiden Jugendlichen wollte auf eine finanzielle _____gutmachung durch den anderen verzichten. Beide waren der Meinung, ihnen sei unschuldig ein Unglück _____fahren, hierin _____sprachen sie sich immerhin nicht. Der Gesichtsausdruck des Richters spiegelte jedoch Ruhe _____. Der Richter empfahl den beiden _____willigen Kontrahenten die Anzeigen _____ zurückzunehmen beziehungsweise diese zu _____rufen, da dies finanziell für sie günstiger sei.

Kurze Vokale

Konsonantenverdoppelung

> **Erinnere dich**
>
> Ein einzelner Konsonant, der auf einen kurzen betonten Vokal in einem Wortstamm folgt, wird verdoppelt.
> **Beispiele**: Ra**tt**e, Ka**mm**er, Ba**ll**, Su**pp**e

1. **Füge die Wörter aus dem Kasten nacheinander in die Lücken ein.**

2. **Kontrolliere deine Ergebnisse mithilfe des Lösungsbogens.**

3. **Schreibe das Diktat nun als Laufdiktat und kontrolliere deinen Text anschließend.**

immer – vollkommene – Gesellschaft – lassen – immer – freiwillig – Anstatt – Messer – muss – Sollten – entschlossen – Denn – kann – können – hässliche – Gejammer – dann – besser

---

Schönheitsoperationen werden bei Jugendlichen _____ beliebter, um das _____ Aussehen zu besitzen

Um dem Schönheitsideal der _____ zu entsprechen, _____ sich _____ mehr Jugendliche _____ operieren. _____ das natürliche Aussehen zu akzeptieren, legen sie sich ohne große Überlegungen unter das _____ von Schönheitschirurgen.

Doch _____ man das wirklich? _____ die Jugendlichen, die sich zu einer Schönheitsoperation _____ haben, nicht lieber an die eigene Gesundheit denken? _____ bei der Operation _____ leicht etwas schiefgehen. Außerdem _____ leicht _____ Narben zurückbleiben, sodass das _____ _____ groß ist. Deshalb sollte man _____ auf eine Schönheitsoperation verzichten.

Fremdwörter

Fremdwörter mit „th"

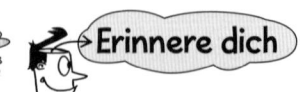

> **Erinnere dich**
>
> Bei Fremdwörtern wird der T-Laut oft „th" geschrieben. Im Zweifelsfall solltest du im Wörterbuch nachschlagen.
> **Beispiele**: Mathematik, Thron

1. Trage die Wörter aus dem Kasten der Reihe nach in die Lücken im Text ein.

2. Kontrolliere deine Ergebnisse mithilfe des Lösungsbogens.

3. Schreibe den Text als Laufdiktat.

4. Kontrolliere dein Diktat.

Thema – Theorie – Therapeuten – Theater – Apotheke – Fieberthermometer – theoretisch – These – Thermalbad

---

Jahreszeit der Erkältungskrankheiten beginnt

Mit dem Beginn der kalten Jahreszeit werden wieder Erkältungskrankheiten zum _____. Der _____ nach soll es zwar reichen, sich warm anzuziehen, um sich nicht zu erkälten, doch in der Praxis funktioniert dieser Tipp von Ärzten und anderen _____ oft nicht. Das _____ mit der Grippe geht trotzdem los und man muss in die _____, um Medikamente und ein _____ zu erwerben. Denn _____ und auch praktisch kann man überall mit Grippeviren in Berührung kommen und sich anstecken. Einige Wissenschaftler stellen die _____ auf, dass ein regelmäßiger Gang ins _____ nichts bringt, um sich abzuhärten.

Fremdwörter

Fremdwörter mit „rh"

> **Erinnere dich**
>
> Bei Fremdwörtern und Namen wird der R-Laut oft „rh" geschrieben. Im Zweifelsfall solltest du im Wörterbuch nachschlagen und musst dir die Schreibweise einfach merken.
> **Beispiel**: Rheuma

1 Schreibe die in Silben zerlegten Fremdwörter mit „rh" zusammenhängend in die entsprechende Lücke.

2 Kontrolliere dein Ergebnis mithilfe des Lösungsbogens.

3 Führe ein Abschreibdiktat durch.

4 Kontrolliere dein Diktat.

Ein ganz besonderer Zoobesuch

Den Jugendlichen einer Schulklasse aus _____ (Rhein hes sen) widerfuhr gestern ein Erlebnis der besonderen Art beim Zoobesuch. Nachdem die Jugendlichen sich bei einem Unterhaltungskünstler _____ (rhe to ri sche) Darbietungen angehört hatten, gingen sie zu den _____ (Rhi no ze ros sen). Dem Treiben dieser Nashörner sahen die Jugendlichen eine Weile zu, bis sie zu den _____ (Rhe sus af fen) gelangten. Dort wurde den Jugendlichen eine tolle Zirkusvorstellung geboten: Zwei der Tiere klatschten im _____ (Rhyth mus) und das dritte fuhr mit einem _____ (Rhön rad) im Kreis herum. Die Jugendlichen verfolgten die Show gebannt und einige der Jugendlichen fingen nebenher an, den _____ (Rhar bar ber ku chen) zu verzehren, den eine der Jugendlichen mitgebracht hatte. Ein Rest davon stand noch in der Tupperdose. Dies fasste der eine Affe als Einladung auf, kam über die Brüstung und holte sich ein Kuchenstück. Damit hatten die Jugendlichen nicht gerechnet.

Fremdwörter

Fremdwörter mit „ph"

> **Erinnere dich**
>
> Bei Fremdwörtern und Namen wird der F-Laut oft „ph" geschrieben. Im Zweifelsfall solltest du im Wörterbuch nachschlagen und musst dir die Schreibweise einfach merken.
> **Beispiel**: Pharao

1. Schreibe die in Silben zerlegten Fremdwörter mit „ph" zusammenhängend in die entsprechende Lücke.
2. Kontrolliere deine Ergebnisse mithilfe des Lösungsbogens.
3. Führe ein Laufdiktat durch.
4. Kontrolliere dein Diktat.

Mitmachkonzert wird zum vollen Erfolg

Entgegen den Befürchtungen einiger Bandmitglieder der Beethovenschule wurde das gestrige Mitmachkonzert nicht zur _____ (Ka ta stro phe) für das Ansehen der Band, sondern zu einem _____ (Tri um ph) für die Band. Bei dem Konzert konnten einzelne Personen aus dem Publikum jeweils eine _____ (Stro phe) solo vorsingen. Auf diese Weise wurden die Zuhörer _____ (pha sen wei se) in die Darbietung mit einbezogen, was zu einer tollen _____ (At mo sphä re) führte. Werner Müller, ein _____ (Phy sik leh rer) der Schule, war sehr angetan von dieser Art der Darbietung. Als Fazit forderte er, dieses _____ (phä no me na le) Ereignis zu wiederholen.

Lösungen Groß- und Kleinschreibung

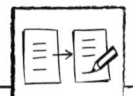

Satzanfänge, Namen und Wörter mit Artikel, S. 50

Gedanken zur **Einführung** von **Ganztagsschulen**

Um die **Chancengleichheit** bei der **Bildung** zu steigern, soll in **Deutschland** die **Anzahl** der **Ganztagsschulen** fortwährend gesteigert werden. **Denn** nur so könne man, wie der **Bildungsexperte Volker Klemm** bemerkt, die unterschiedlichen **Voraussetzungen** bei der **Bildung** ausgleichen, da mith**ilfe** eines schulischen **Nachmittagsprogramms** auch den **Jugendlichen**, die aus einem bildungsfernen **Elternhaus** stammen, eine **Art** der **Freizeitgestaltung** angeboten werden könne, die bildungsförderlich sei. **Der Erziehungswissenschaftler Heiner Berlin** hebt hervor, dass die **Jugendlichen** so die **Möglichkeit** hätten, sich in der **Schule** sportlich zu betätigen, was der **Gesundheit** der **Jugendlichen** zuträglich sei. **Sie** könnten in einer **Werk-** oder **Bastelarbeitsgemeinschaft** kreativ tätig sein, was die **Ausdauer, Konzentration** und das handwerkliche **Geschick** der **Jugendlichen** fördere. **Andererseits** stellt sich aber auch die **Frage**, ob die **Jugendlichen** begeistert sein würden, dass sie nun ein geringeres **Zeitvolumen** für die außerschulischen **Freizeitaktivitäten** und für private **Verabredungen** hätten.

Wörter mit den Endungen „-heit", „-keit", „-ung", „-nis" und „-tum", S. 51

Sollten Hausaufgaben abgeschafft werden?

In manchen Klassen gehört es inzwischen zum Alltag, dass die **Mehrheit** der Schülerschaft die Hausaufgaben nicht erledigt hat. Deshalb haben sich einige der betroffenen Schulen auf die Suche nach einer **Lösung** für dieses Problem gemacht. So ist die Heinrich-Böll-Schule in Himmelsberg das **Wagnis** eingegangen, die Hausaufgaben für alle Klassen ab dem siebten Schuljahr abzuschaffen. Stattdessen erhalten die Lernenden in jedem Hauptfach eine Stunde mehr Unterricht pro Woche, sodass die **Möglichkeit** besteht, notwendige Übungsaufgaben direkt im Unterricht zu erledigen. Ein solcher Weg könnte nach **Meinung** des Schulleiters Jens Müller auch für zukünftige Ganztagsschulen von Interesse sein, da die **Erledigung** von Hausaufgaben wegen des zunehmenden Nachmittagsunterrichts **Schwierigkeiten** bereitet.
Doch ist die **Abschaffung** von Hausaufgaben wirklich eine erzwungene **Notwendigkeit**?
Ist es nicht ein **Irrtum** zu glauben, ohne sie auskommen zu können?
In vielen Ganztagsschulen erledigen die Jugendlichen ihre Hausaufgaben auch in einer betreuten Hausaufgabenzeit am Nachmittag in der Schule. Auf diese Weise kann die **Fähigkeit** der Lernenden, **Selbstverantwortung** bei der **Anfertigung** der Hausaufgaben zu übernehmen, weiterhin gefördert werden. Denn die Schule dient der **Vorbereitung** auf das spätere Berufsleben.

Lösungen Groß- und Kleinschreibung

Substantivierung mit Artikel, Artikel und Präposition sowie mit Indefinitpronomen, S. 52

Moderne Technik macht die Kommunikation für Jugendliche leichter

Das Kommunizieren, ohne sich persönlich zu treffen, wird für Jugendliche durch die moderne Technik immer leichter. Während es für die Elterngeneration noch **etwas Besonderes** war, zehn Minuten mit Schulfreunden zu telefonieren, so stellt **das Telefonieren** für die heutige Jugendgeneration **nichts Außergewöhnliches** mehr dar. **Vor dem Anrufen** müssen die Jugendlichen noch nicht einmal mehr ihre Eltern um Erlaubnis bitten, da **das Sprechen** mit anderen die Telefonrechnung dank einer Flatrate nicht mehr **ins Unermessliche** steigen lassen kann. Denn Jugendliche müssen ihren Freunden immer **allerlei Neues** erzählen, sodass die Telefonate länger dauern können. Auch ist es möglich, **zum Anrufen** oder **zum Verschicken** von SMS das eigene Handy zu nutzen. Das Internet bietet darüber hinaus noch weitere Möglichkeiten zur Kommunikation.

Die Schreibung von Anredepronomen und der dazugehörigen Possessivpronomen, S. 53

Sehr geehrter Herr Kugler,

wir bedauern, dass **Sie** sich beschweren mussten, weil **Ihr** Internetanschluss nicht funktioniert. Normalerweise sind unsere Mitarbeiter angehalten, die neu installierten Anschlüsse auf **ihre** Funktionstauglichkeit zu überprüfen, bevor unsere Mitarbeiter wieder zurück in die Firma fahren. Bei **Ihrem** Anschluss haben unsere Mitarbeiter diese Überprüfung, die zu **ihren** Dienstpflichten gehört, leider vergessen. Hierfür möchten wir **Sie** um Entschuldigung bitten und **Ihnen** anbieten, dass so schnell wie möglich einer unserer Mitarbeiter oder Mitarbeiterinnen bei **Ihnen** vorbeikommt und das Problem beseitigt. Bitte geben **Sie** uns umgehend Bescheid, wann er oder **sie** vorbeikommen kann; **Sie** erreichen unsere Mitarbeiter und Mitarbeiterinnen unter der kostenlosen Servicenummer 0101/113456. Er oder **sie** wird sich dann sofort in sein oder **ihr** Auto setzen und zu **Ihnen** fahren, um **Ihren** Internetanschluss flottzumachen. Als Wiedergutmachung berechnen wir **Ihnen** für diesen Monat keine Nutzungsgebühren.

Hochachtungsvoll
Bernd Weber

Schreibung von Zeitangaben, S. 54

Unsere Klassenfahrt nach Berlin

Vorgestern Nachmittag, am **Freitagnachmittag**, fuhren wir von unserer Schule aus mit dem Bus nach Berlin, wo wir **abends** gegen 21 Uhr ankamen. Wegen der langen Fahrt und des schwülen Wetters waren alle ziemlich müde und gingen spätestens um halb Zwölf ins Bett. Am **Samstagmorgen** mussten wir bereits um 7 Uhr aufstehen, da wir für **morgens** um 9 Uhr eine Führung im Deutschen Historischen Museum gebucht hatten, wo wir uns **gestern Vormittag** über deutsche Geschichte informieren konnten. Das Museum verließen wir dann **mittags** und fuhren, nachdem wir das Brandenburger Tor besichtigt hatten, mit einem Doppeldeckerbus zum Kudamm, wo wir den **Samstagnachmittag** einkaufen durften. **Gestern Abend** gingen wir dann am Potsdamer Platz ins Kino, bevor wir **heute Morgen** wieder in Richtung Heimat fuhren, wo wir **nachmittags** ankamen.

Lösungen Getrennt- und Zusammenschreibung

Adjektiv und Verb, S. 55

Was Firmenchefs von Schulabgängern erwarten

„Gute Umgangsformen werden in unserer Firma **großgeschrieben**", dies ließ Lutz Meister gestern die Neunt- und Zehntklässler der Liebig-Gesamtschule wissen, die im Foyer der Schule seinem Vortrag lauschten. Meister, der ohne Probleme vor den 150 versammelten Jugendlichen **frei sprechen** und **interessant berichten** konnte, betonte deutlich, dass Jugendliche, die **krankfeiern** beziehungsweise **blaumachen**, in seinem Betrieb nicht erwünscht sind, das wolle er mit seinem Vortrag unbedingt **klarstellen**. Solchen Jugendlichen müsse die Tür zu einer Ausbildung in seinem Betrieb **verschlossen bleiben**, das könne er nicht **schönreden**. Jugendliche, die dagegen durch gute Umgangsformen und viel Engagement im Praktikum überzeugen würden, könne er dagegen **schnell einstellen**, besonders Eigeninitiative sei in seiner Firma erwünscht.

Adjektiv und Partizip, S. 56

Achtung beim Umgang mit Geldautomaten

Im Mega-Einkaufszentrum in Musterstadt hat die Polizei gestern wieder **festgestellt**, dass viele Menschen beim Geldabheben zu sorglos vorgehen. Nachdem über 50 Personen an einem Geldautomaten Geld abgehoben hatten, hat das Bankpersonal bei einer Routineüberprüfung des Geldautomaten eine Skimmingvorrichtung **sichergestellt**, mit deren Hilfe findige Ganoven Kontodaten ausspionieren wollten. Auf diese Weise konnten die Ganoven **schnell gestoppt** werden, bevor sie irgendeinen Schaden anrichten konnten. Nach den Angaben der Polizei hatten die Täter den Skimmingaufsatz einfach auf das Bedienfeld **geschickt geschraubt** und an den Kartenleseschlitz geklemmt. Dass die Kundschaft dies nicht bemerkt hat, verwundert den Polizeibeamten Huber. Offenbar seien die Menschen beim Geldabheben gedanklich mit anderen Dingen beschäftigt gewesen, sodass es ihnen **schwergefallen** sei, die Skimmingvorrichtung zu bemerken. Er rät hier jedoch zu mehr Wachsamkeit, denn nicht in allen Fällen werde der entstandene Schaden dem Kunden wieder auf dem Konto **gutgeschrieben**.

Straßennamen, S. 57

Wie geht es zur Mega-Dance-Party?

Die Mega-Dance-Party am **Berliner Platz** erreicht ihr vom Hauptbahnhof aus folgendermaßen: Geht zunächst die **Bahnhofsstraße** bis zur **Theodor-Fontane-Straße** entlang und biegt dann rechts in diese ein und folgt dem Straßenverlauf bis zum **Altmarkt**. Von diesem müsst ihr dann nach rechts in die **Neue Gasse** einbiegen und diese bis zum **Kastanienweg** entlanglaufen, der links abgeht. Lauft diesen nun entlang, bis ihr zum **Martin-Luther-Platz** kommt. Überquert diesen und geht noch 200 Meter geradeaus, bis ihr auf die Straße **Unter den Buchen** stoßt. Folgt dieser nun bis zur **Schillerstraße**. Nach wenigen Metern geht von dieser links der **Landgraf-Philipp-Weg** ab. Wenn ihr diesen immer geradeaus weiterlauft, kommt ihr automatisch zum **Berliner Platz** und könnt euch ins Tanzvergnügen stürzen.

Lösungen S-Schreibung / Ähnliche Konsonanten

Wörter mit „s", „ss" und „ß", S. 58

Jugendliche veröffentlichen im Internet private Daten

Berlin – Wie jüngst eine vom OGO-Forschungsinstitut **veranlasste** Studie **herausfand**, gibt es etliche Jugendliche, die allzu **sorglos persönliche** Daten und Bilder von sich im Internet veröffentlichen. Die **Nutznießerin** dieses jugendlichen **Leichtsinns** ist dabei vor allem die Werbeindustrie. Die angegebenen Hobbys und die Telefonummern sind für sie von hohem **Interesse**. **Schließlich** können Produkte jetzt **passgenau** per Telefonwerbeanruf, Werbe-SMS oder per Post an die angegebene **Adresse** an den Mann oder die Frau gebracht werden. Daneben kann es **passieren**, dass sich später mögliche Arbeitgeber anhand der dargebotenen Informationen ein erstes Bild über die Bewerber machen, sodass die Jugendlichen für ihren damaligen **Spaß** mit der Ablehnung eines Stellenangebots **büßen müssen**. Jugendliche sollten also unbedingt **verantwortungsbewusst** mit ihren privaten Daten im Internet umgehen.

„b/p", „d/t", „g/k", S. 61

Schulkonferenz erteilt Vorschla**g** über die Wiedereinführun**g** der Samsta**g**sschule eine Absa**g**e

Datteln – Gestern sprach sich die Schulkonferenz der Theodor-Fontane-Gesamtschule gegen den Vorschla**g** aus, die Samsta**g**sschule wieder einzuführen. Denn der Praxista**g**, an dem die Achtklässler jeweils einen Ta**g** in der Woche in einem Betrie**b** praktisch lernen sollen, brin**gt** die Schwieri**gk**eit mit sich, dass der Unterricht auf die anderen Ta**g**e umverteilt werden muss. Aus diesem Grun**d** ga**b** Schulra**t** Taubner der Schulkonferenz den Rat, über die Wiedereinführung des Samsta**g**sunterrichts nachzudenken, um fast tä**g**lichen Nachmitta**g**sunterricht zu vermeiden. Doch diese Idee wurde zurückgewiesen, da die Jugendlichen samsta**g**s lie**b**er im Par**k** oder anderswo sind, als in der Schule zu sein, und mit dem Fahrra**d** herumkurven. So erwies sich die Idee als Flo**p** und es führt nun doch kein We**g** an verstärktem Nachmitta**g**sunterricht vorbei.

1 Betrie**b**e, ga**b**en, Flo**p**s
2 Grün**d**e, Schulrä**t**e, ra**t**en, Wel**t**en, Fahrrä**d**er
3 vorschla**g**en, Einführun**g**en, absa**g**en, Ta**g**e, Par**k**s, We**g**e

„end-" oder „ent-", S. 62

Elmshorn verliert **End**spiel gegen Itzehoe

Mit einer Enttäuschung war gestern das Handball**end**spiel in Elmshorn zwischen der Jugendmannschaft des HSV Itzehoe und der Jugendmannschaft des TSV Elmshorn für die Gastgebermannschaft verbunden. Dabei konnten es die beiden Mannschaften kaum erwarten, bis das Spiel **end**lich losging und sie in den **End**spurt starten konnten. Denn zunächst verzögerte ein zwanzigminütiger Stromausfall den Beginn der heißersehnten Entscheidung. Einige Fans hatten schon entgeisterte Gesichter, weil sie dachten, die Techniker würden das entstandene Lichtproblem nicht in den Griff bekommen. Doch entgegen aller schlimmen Befürchtungen hatten die Techniker schnell Erfolg mit ihren Bemühungen und das Spiel konnte beginnen. Obwohl die Elmshorner zunächst 3:1 führten, gelang es der Mannschaft aus Itzehoe, die immer noch entschlossen um den Sieg kämpfte, kurz vor Schluss ein **End**ergebnis von 4:3 für sich zu verbuchen. Mit Entsetzen musste die Elmshorner Mannschaft zusehen, wie die gegnerische Mannschaft drei Tore hintereinander warf.

Lösungen Ähnliche Konsonanten

„-ig", „-lich", „-isch", S. 63

Zu laute Diskomusik ist auf Dauer **schädlich**

Wie eine Studie des UHU-Instituts herausfand, ist es **problematisch**, dass sich viele Jugendliche an den Wochenenden immer wieder mehrere Stunden ohne Unterbrechung **richtig** lauter Diskomusik aussetzen. Dabei denken sie nicht daran, dass sie so ganz leicht **schwerhörig** werden können. Sie wollen in der Disko **fröhlich** tanzen und verlassen sich deshalb auf das Lautstärkegefühl des DJs.

Aber ist es hier fair, nur die Jugendlichen **einseitig** in die Pflicht zu nehmen? Für die laute Musik, die **gefährlich** für die Ohren der Jugendlichen ist, sind **schließlich** in erster Linie die Diskothekenbetreiber und DJs **verantwortlich**. Deshalb sollten DJs lieber **schnellstmöglich** dazu verpflichtet werden, **ständig** darauf zu achten, dass die Musiklautstärke sich in Grenzen hält.

„f" und „v", S. 64

Medienverhalten bei Jugendlichen **verändert** sich rasant durch technischen Wandel

Früher war bei den Jugendlichen das **Fernsehen** Medium Nummer eins. Heutzutage steht den Jugendlichen dagegen eine **Vielzahl** von Medien zur **Verfügung**. Hierunter **fallen** neben dem Fernsehgerät vor allem der Computer, das Handy und der I-Pod. Denn inzwischen kann man mit **vielen** technischen Geräten **Filme** ansehen. Die Zeiten, in denen nur das Fernsehen diese **Funktion** erfüllte, sind **vorbei**. Der **Fortschritt** hat hier zu vielen neuen Möglichkeiten und technischen **Verbesserungen** geführt. Mithilfe des Internets kann man Filme und Sendungen zu jeder beliebigen Zeit sehen. Auf diese Weise kann man seine **Freizeit** auch als **Fan** unabhängig vom Fernsehprogramm gestalten. Aber auch kleine Geräte wie Handys und I-Pods eröffnen Jugendlichen hier **verblüffende** Möglichkeiten.

„e" oder „ä", S. 65

Marketingexp**e**rten verst**e**ckten W**e**rbung in Internetforen

Immer m**e**hr Menschen tauschen sich gegenw**ä**rtig in Internetforen über allerlei Dinge aus. Dies ist auch von der W**e**rbeindustrie nicht unbem**e**rkt geblieben, die die Internetforen l**ä**ngst für ihre Zwecke entd**e**ckt hat. Dabei beschr**ä**nkt sich die W**e**rbeindustrie keinesfalls darauf, l**e**diglich an den R**ä**ndern des Bildschirms W**e**rbung für **e**tliche Produkte zu zeigen. Die W**e**rbemacher sind vielm**e**hr so geschickt, sich mit gef**ä**lschter Identität unter die gewöhnlichen Mitglieder des Forums zu mischen. Auf diesem W**e**ge können sie ganz einfach auf ihr Produkt aufm**e**rksam machen, indem sie mit anderen eine Diskussion darüber beginnen, ob ihnen das Produkt bekannt ist und wie sie es beurteilen.

[1] gegenwärtig von **Gegenwart**, längst von **lang**,
beschränkt von **Schranke**, Ränder von **Rand**, verfälscht von **falsch**

Lösungen Gleichklingende Vokale

Wörter mit „äu" und „eu", S. 66

Eine schwierige Frage für Jugendliche

Die Frage, was sie nach ihrem Schulabschluss machen sollen, quält h**eu**tzutage viele Jugendliche. Obwohl sie wissen, dass sie das Schulgeb**äu**de bald nicht mehr betreten müssen, sch**eu**en sie h**äu**fig davor zurück, sich im Vorfeld mit dieser Frage auseinanderzusetzen. Denn oft sind sie sich noch unsicher, welcher Beruf ihnen Fr**eu**de bereiten könnte. Doch wie findet man heraus, welcher Beruf zu einem passt? Das ist eine ungeh**eu**er schwierige Frage. Hilfreich kann hier sicher ein Praktikum sein, bei dem man überprüfen kann, ob man gern mit F**eu**erwehrschl**äu**chen hantiert, lieber als Verk**äu**ferin mit Blumenstr**äu**ßen handelt oder am liebsten im Büro das Telefon bedient, wenn es l**äu**tet. Diesen Praxistest wird man auf keinen Fall ber**eu**en.

1. l**äu**ten von Laut, h**äu**fig von Haufen,
   Schl**äu**che von Schlauch, Verk**äu**ferin von verkaufen,
   Geb**äu**de von Bau, Blumenstr**äu**ße von Blumenstrauß

„i", „ie", „ieh", „ih", S. 67

War Hündin reif für die Insel?

Das fragten sich gestern zwei Polizeibeamte in Westerland auf Sylt, als sie zum dortigen Bahnhof gerufen wurden, weil dort eine herrenlose Schäferhündin mitten im Bahnhofsgebäude saß und die Passanten anbellte. Wie Passanten den Beamten berichteten, war die Hündin mit **ihnen** gemeinsam aus der zuvor gekommenen Nord-Ostsee-Bahn gestiegen. Dies konnten die Polizisten zwar zunächst nicht glauben, doch auf dem Schild war eine Telefonnummer mit der Vorwahl der auf dem Festland liegenden Gemeinde Niebüll notiert. Als die Beamten dort anriefen, stellte sich schnell heraus, dass die Hündin Astra von einem Bauernhof aus Niebüll stammte und offenbar allein von dort zum Bahnhof marschiert und unbemerkt in den Zug gestiegen war. Der Besitzer vermutet als Grund für den Ausflug, dass Astra von **ihren** vier Jungen und dem restlichen **Vieh** in der Scheune so genervt war, dass sie auf Sylt eine **Brise** Seeluft schnuppern wollte.

Lösungen Gleichklingende Vokale / Kurze Vokale

„wider" oder „wieder", S. 68

Zusammenstoß zweier jugendlicher Fahrradfahrer endet vor Gericht

Kulmbach – Gestern zeigte sich **wieder einmal** vor Gericht, wie zwei jugendliche Fahrradfahrer durch ihre Unnachgiebigkeit aus einer Mücke einen Elefanten machten. Die beiden **Widersacher** waren vergangenen Sommer an einer unübersichtlichen Kreuzung mit ihren Fahrrädern zusammengestoßen. Dabei war beiden nur geringer Sachschaden entstanden. Deshalb erschien es den herbeigerufenen Beamten **widersinnig**, ein Ermittlungsverfahren einzuleiten, und sie schlugen den beiden Jugendlichen vor, jeweils den eigenen Schaden zu übernehmen. **Wider Erwarten** zeigten sich beide Jugendliche nicht dazu bereit und keiner der beiden Jugendlichen wollte auf eine finanzielle **Wiedergutmachung** durch den anderen verzichten. Beide waren der Meinung, ihnen sei unschuldig ein Unglück **widerfahren**, hierin **widersprachen** sie sich immerhin nicht. Der Gesichtsausdruck des Richters **spiegelte** jedoch Ruhe **wider**. Der Richter empfahl den beiden **widerwilligen** Kontrahenten die Anzeigen **wieder zurückzunehmen** beziehungsweise diese zu **widerrufen**, da dies finanziell für sie günstiger sei.

1. **Wider**sacher, **wider**sinnig, **wider** Erwarten, **wider**willig, **wider**fahren, **wider**sprechen, etwas **wider**rufen, **wider**spiegeln

Konsonantenverdoppelung, S. 69

Schönheitsoperationen werden bei Jugendlichen **immer** beliebter, um das **vollkommene** Aussehen zu besitzen

Um dem Schönheitsideal der **Gesellschaft** zu entsprechen, **lassen** sich **immer** mehr Jugendliche **freiwillig** operieren. **Anstatt** das natürliche Aussehen zu akzeptieren, legen sie sich ohne große Überlegungen unter das **Messer** von Schönheitschirurgen.
Doch **muss** man das wirklich? **Sollten** die Jugendlichen, die sich zu einer Schönheitsoperation **entschlossen** haben, nicht lieber an die eigene Gesundheit denken? **Denn** bei der Operation **kann** leicht etwas schiefgehen. Außerdem **können** leicht **hässliche** Narben zurückbleiben, sodass das **Gejammer dann** groß ist. Deshalb sollte man **besser** auf eine Schönheitsoperation verzichten.

Lösungen Fremdwörter

Fremdwörter mit „th", S. 70

Jahreszeit der Erkältungskrankheiten beginnt

Mit dem Beginn der kalten Jahreszeit werden wieder Erkältungskrankheiten zum **Thema**. Der **Theorie** nach soll es zwar reichen, sich warm anzuziehen, um sich nicht zu erkälten, doch in der Praxis funktioniert dieser Tipp von Ärzten und anderen **Therapeuten** oft nicht. Das **Theater** mit der Grippe geht trotzdem los und man muss in die **Apotheke**, um Medikamente und ein **Fieberthermometer** zu erwerben. Denn **theoretisch** und auch praktisch kann man überall mit Grippeviren in Berührung kommen und sich anstecken. Einige Wissenschaftler stellen die **These** auf, dass ein regelmäßiger Gang ins **Thermalbad** nichts bringt, um sich abzuhärten.

Fremdwörter mit „rh", S. 71

Ein ganz besonderer Zoobesuch

Den Jugendlichen einer Schulklasse aus **Rheinhessen** (Rhein hes sen) widerfuhr gestern ein Erlebnis der besonderen Art beim Zoobesuch. Nachdem die Jugendlichen sich bei einem Unterhaltungskünstler **rhetorische** (rhe to ri sche) Darbietungen angehört hatten, gingen sie zu den **Rhinozerossen** (Rhi no ze ros sen). Dem Treiben dieser Nashörner sahen die Jugendlichen eine Weile zu, bis sie zu den **Rhesusaffen** (Rhe sus af fen) gelangten. Dort wurde den Jugendlichen eine tolle Zirkusvorstellung geboten: Zwei der Tiere klatschten im **Rhythmus** (Rhyth mus) und das dritte fuhr mit einem **Rhönrad** (Rhön rad) im Kreis herum. Die Jugendlichen verfolgten die Show gebannt und einige der Jugendlichen fingen nebenher an, den **Rharbarberkuchen** (Rhar bar ber ku chen) zu verzehren, den eine der Jugendlichen mitgebracht hatte. Ein Rest davon stand noch in der Tupperdose. Dies fasste der eine Affe als Einladung auf, kam über die Brüstung und holte sich ein Kuchenstück. Damit hatten die Jugendlichen nicht gerechnet.

Fremdwörter mit „ph", S. 72

Mitmachkonzert wird zum vollen Erfolg

Entgegen den Befürchtungen einiger Bandmitglieder der Beethovenschule wurde das gestrige Mitmachkonzert nicht zur **Katastrophe** (Ka ta stro phe) für das Ansehen der Band, sondern zu einem **Triumph** (Tri um ph) für die Band. Bei dem Konzert konnten einzelne Personen aus dem Publikum jeweils eine **Strophe** (Stro phe) solo vorsingen. Auf diese Weise wurden die Zuhörer **phasenweise** (pha sen wei se) in die Darbietung mit einbezogen, was zu einer tollen **Atmosphäre** (At mo sphä re) führte. Werner Müller, ein **Physiklehrer** (Phy sik leh rer) der Schule, war sehr angetan von dieser Art der Darbietung. Als Fazit forderte er, dieses **phänomenale** (phä no me na le) Ereignis zu wiederholen.

Fehlerdiktate
für Rechtschreibprofis

Groß- und Kleinschreibung 82

Getrennt- und Zusammenschreibung 83

S-Schreibung 84

Ähnliche Konsonanten 85

Gleichklingende Vokale 86

Kurze Vokale 87

Fremdwörter mit „th", „rh" und „ph" 88

Lösungen 89

Groß- und Kleinschreibung

> **Erinnere dich**
>
> Großgeschrieben werden: Nomen, Namen und Satzanfänge, substantivierte Verben und Adjektive mit einem Artikel (das Laufen/das Schöne), Verben mit Präposition und Artikel (bei dem Laufen/beim Laufen) sowie Adjektive nach Indefinitpronomen (etwas Neues).
> Außerdem werden Zusammensetzungen aus einem Wochentag und einer Tageszeit (Freitagmorgen) großgeschrieben sowie eine Tageszeit, die auf die Wörter „gestern, heute, morgen" folgt (gestern Abend).
> In Briefen müssen das Anredepronomen „Sie" und die dazugehörigen Formen des Possessivpronomens „Ihr" großgeschrieben werden.

1. **Der Text enthält einige Fehler in der Groß- und Kleinschreibung.**
2. **Unterstreiche die falsch geschriebenen Wörter und notiere neben den Wörtern, was du verbessern musst.**
3. **Kontrolliere deine Verbesserungsvorschläge mithilfe des Lösungsbogens.**
4. **Führe ein Laufdiktat durch.**
5. **Kontrolliere dein Diktat.**

Sehr geehrter Herr Schmidt,

vielen Dank für ihr Angebot, das sie unserer Klasse für den besuch des Freizeit-Spaß-Parks geschickt haben. Wir haben es gestern morgen in der Klassenlehrerstunde allen vorgelesen. Alle aus der Klasse waren sich sofort darin einig, dass der Besuch Ihres Freizeit-Spaß-Parks genau das richtige für unseren Wandertag am Montag in zwei Wochen ist und wir uns nichts aufregenderes vorstellen können. wir könnten dann am montagmorgen kommen und bis nachmittags bleiben. Denn das ausprobieren von verschiedenen Attraktionen, wie zum Beispiel eine Fahrt mit der Wildwasserbahn, erscheint uns spannender als das Wandern durch einen Wald, das kaum etwas interessantes für uns bietet. außerdem ist der von Ihnen angebotene Gruppentarif von sechs Euro pro Kopf nicht zu teuer. Trotzdem möchten wir Sie noch um eine kleinigkeit bitten: Wäre es ihnen möglich, uns neben den eintrittskarten für jeden einen Übersichtsplan des Parkgeländes zur ansicht mitzuschicken? Denn so können wir uns vor dem betreten des Parks überlegen, wohin wir gehen wollen und uns den Weg dahin heraussuchen.

Wir bedanken uns schon jetzt für ihre Bemühungen.

Mit freundlichem Gruß
Sara goldmann und lena May

Getrennt- und Zusammenschreibung

> **Erinnere dich**
>
> Zusammensetzungen aus Adjektiv und Verb sowie Adjektiv und Partizip werden in der Regel getrennt geschrieben. Sie müssen zusammengeschrieben werden, wenn eine neue, übertragene Bedeutung vorliegt.
> **Beispiele**: Du kannst die Tür offen lassen.
> Er wollte die Entscheidung bewusst noch offenlassen.
> (= unentschieden lassen)
> Er hat den Joghurt kalt gestellt.
> Er hat seinen Mitarbeiter kaltgestellt. (= nicht beachten)

[1] **Der Text enthält einige Fehler. Unterstreiche die falsch geschriebenen Wörter und notiere neben den Wörtern, was du verbessern musst.**

[2] **Kontrolliere deine Verbesserungsvorschläge mithilfe des Lösungsbogens.**

[3] **Führe ein Laufdiktat durch.**

[4] **Kontrolliere dein Diktat.**

Sozialstunden – Ein sinnvoller Weg, Jugendliche wieder auf den richtigen Weg zu bringen?

Inga ist wiederholt schwarz gefahren, Jonas und Fabian haben zusammen an zehn Autos die Antennen demoliert, Ferhat hat wiederholt in der Schule blau gemacht und Nena ist beim Diebstahl von Süßigkeiten erwischt worden. Alle fünf sind mit dem Gesetz in Konflikt geraten. Diese Tatsache kann man nicht schön reden. Deshalb wurde durch das Gericht fest gelegt, dass alle fünf Sozialstunden in einem Altenheim ableisten sollen. Dort mussten die Jugendlichen Tische richtigstellen, Stühle hochstapeln, Flure fegen, lose Fußleisten befestigen, Lebensmittel in die Küche tragen und kaltstellen, sofern erforderlich. Besonders Sauberkeit wurde in dem Altenheim großgeschrieben, dies hatte die Heimleitung keinesfalls offen gelassen. Nach Angaben der Jugendlichen sind ihnen diese Arbeiten nicht schwer gefallen und die fünf fanden es immerhin gut, dass sie von einigen Heimbewohnern dafür gelobt wurden. Außerdem beteuerten die Jugendlichen, von nun an Ehrlichkeit für sich groß zu schreiben, da sie nicht noch einmal zu solch einem Arbeitseinsatz verdonnert werden wollen. Sozialstunden können also durchaus ein sinnvoller Weg sein, um Jugendliche wieder auf den richtigen Weg zu bringen.

S-Schreibung

> **Erinnere dich**
>
> Wenn der S-Laut stimmhaft ist, wird „s" geschrieben. Ist der S-Laut dagegen stimmlos, so wird nach einem kurzen Vokal „ss" geschrieben und nach einem langen Vokal oder Doppellaut („ei", „au") „ß" geschrieben.
> Das Wort „das" wird mit „s" geschrieben, wenn es sich um einen Artikel, ein Relativpronomen oder ein Demonstrativpronomen handelt. „Das" wird nur mit „ss" geschrieben, wenn es als Konjunktion auftritt.
> ***Beispiele***: Reise, Schloss, Straße, Schweiß
> Das Haus, das dort steht, sieht unheimlich aus.
> Das sage ich dir, um zu verhindern, dass du Angst hast.

1. **Der Text enthält einige Fehler. Unterstreiche die falsch geschriebenen Wörter und notiere neben den Wörtern, was du verbessern musst.**
2. **Kontrolliere deine Verbesserungsvorschläge mithilfe des Lösungsbogens.**
3. **Führe ein Wendediktat durch.**
4. **Kontrolliere dein Diktat.**

Ist an Schulen Medienkunde als neues Schulfach notwendig?

Die Berliner Schulverwaltung stellte gestern Überlegungen an, ob an den Schulen das Fach Medienkunde als neues Unterrichtsfach eingeführt werden sollte. Dass lies gestern der Sprecher der Schulverwaltung verlauten. Doch ist dass wirklich erforderlich, das das Fach, dass die Jugendlichen im Umgang mit dem Internet fit machen und vor dem Mißbrauch ihrer persönlichen Daten schützen soll, an sämtlichen Schulen eingeführt wird? Anlas für den Vorschlag der Schulverwaltung war eine übermässig hohe Rechnung, die ein Jugendlicher aus Zehlendorf für einen Musikdownload im Internet bezahlen musste. Dieser hatte die Musik im Glauben heruntergeladen, das der Download kostenlos sei.

Cybermobbing wäre ein weiteres Argument für ein solches Fach. Mobbing im Internet verursacht bei betroffenen Jugendlichen extrem grossen Stress. Auserdem muss man Jugendliche vor sexuellem Mißbrauch schützen, der im Zusammenhang mit Internetbekanntschaften aufgetreten ist. Schlieslich ist die exzessive Internetnutzung zu nennen, die zu sozialer Vereinsamung führen kann. Es gibt also eine Menge Gründe, die für das Fach Medienkunde sprechen. Eine interessante Frage wird nur sein, ob die Lehrkräfte in fachlich angemessenem Masse mit den Jugendlichen mithalten können.

Ähnliche Konsonanten

> **Erinnere dich**
>
> Die Verlängerungsprobe weist auf die Schreibweise hin: bei „b" oder „p", „d" oder „t" und „g" oder „k", bei „-ig", „-lich" oder „-isch".
> Bei den Vorsilben „end- und ent-" entscheidet die Bedeutung des Wortes: im Sinne von Ende = „end-", ansonsten „ent-".
> Bei der F- und V-Schreibung kann im Zweifelsfall nur das Wörterbuch helfen.
> **Beispiele**: lieb von *die Liebe*, aber *stopp!* von *stoppen* oder *der Stopp*
>   Wald von *die Wälder*, aber Welt von *die Welten*
>   Ring von *die Ringe*, aber Fink von *die Finken*
>   traurig von *traurige*, gefährlich von *gefährliche*, zänkisch von *zänkische*
>   Endspiel, Entrümpelung
>   Fall, Vogel

1. Der Text enthält einige Fehler. Unterstreiche die falsch geschriebenen Wörter und notiere neben den Wörtern, was du verbessern musst.
2. Kontrolliere deine Verbesserungsvorschläge mithilfe des Lösungsbogens.
3. Führe ein Wendediktat durch.
4. Kontrolliere dein Diktat.

Trent bei Jugendlichen, sich bis zum Koma zu betrinken, hält sich hartnäckisch

Trotz aller Bemühungen von Politik und Gesellschaft hat es sich bisher als schwierig erwiesen, Jugendliche von übermäßigem Alkoholgenuss abzuhalten. Nach wie vor ist es bei Jugendlichen angesagt, sich heimlig von ihrem Taschengelt irgendwo – da ist ihnen kein Weg zu weid – irgendein hochprozentiges Geträng zu kaufen und sich anschließent zum gemeinsamen Besäufnis zu treffen. Dabei wird dann der Wettbewerp gestartet, wer am meisten Alkohol vertragen kann, was den Eltern der Jugendlichen bestimmt nicht lieb ist und für die Jugendlichen problematig enden kann. Denn der Entspurt beim Alkoholkonsum ist gefährlich, weil er schnell eine heftige Alkoholvergiftung zur Folge haben kann. Im schlimmsten Fall kann das Trinkfergnügen sogar zum Tot führen, aber auch ein Krankenhausaufenthalt dürfte schon peinlich genug für die föllig vertigen Jugendlichen sein. In der Regel sind sie über ihren Filmriss ganz entsetzt und es ist ihnen äußerst unangenehm, wie ein Säuglink eine Windel um zu haben. Aus all diesen Gründen muss unbedingt nach neuen Strategien gesucht werden, um die Jugendlichen entlich vor solchen endwürdigenden Erfahrungen zu bewahren.

Gleichklingende Vokale

> **Erinnere dich**
>
> Suche ein verwandtes Wort, um herauszufinden, ob man „a", „au", „ä", „äu" oder „e" und „eu" schreibt. Der kurze I-Laut wird immer „i" geschrieben, der lange I-Laut dagegen kann durch „ie", „ieh", „ih" und „i" wiedergegeben werden. Im Zweifelsfall musst du im Wörterbuch nachschlagen!
> Eine Ausnahme bildet die I-Schreibung bei „wieder/wider". Sie ist von der Bedeutung abhängig: wider = gegen, wieder = erneut.
> **Beispiele**: *Dächer* von *Dach*, *Bäume* von *Baum*, Fenster, Scheune
> Kiste, Spiegel, Vieh, ihn, Tiger
> Wiederholung, Widerwille

1. Der Text enthält einige Fehler. Unterstreiche die falsch geschriebenen Wörter und notiere neben den Wörtern, was du verbessern musst.
2. Kontrolliere deine Verbesserungsvorschläge mithilfe des Lösungsbogens.
3. Führe ein Wendediktat durch.
4. Kontrolliere dein Diktat.

Verdrängen Whiteboards die Tafeln aus den Klassenzimmern?

Inzwischen gibt es die ersten Schulen im Vogelsberg-Kreis, die anställe von Tafeln nur noch näue und teure Whiteboards in den Klassenreumen haben. Diese elektronischen Tafeln müssen die Schüler und Schülerinnen nun teglich vor dem Unterricht hochfahren, damit dadurch im Unterricht kein Zeitverlust entsteht. Danach muss der Computer auch wider heruntergefahren werden. Beides geschiet mithilfe einer Fernbedinung, die sie sich vorher von einer Lehrkraft holen müssen.

Die Lehrkräfte besitzen alle einen Spezialstieft zum Schreiben auf dem Whiteboard. Wieder Erwarten hat sich das Schreiben auf den Whiteboards jedoch als nicht so einfach herausgestellt, da man dabei den Stieft in einer bestimmten Weise halten muss. Etlichen Lernenden fellt dies schwär. Darüber hinaus sind die Whiteboards technisch sehr empfindlich, sodass in der ersten Schulwoche bereits zwei von inen kaputt gegangen sind. Manche Lehrkrefte haben vorgeschlagen, wieder Tafeln in die Klassenzimmer zu hängen. Es wird wohl noch etwas dauern, bis die Tafeln endgültig aus den Klassenzimmern verdrängt werden – zumal einige Lehrkräfte passiven Wiederstand gegen die moderne Technik im Klassenzimmer leisten, indem sie auf Overheadfolien schreiben.

Kurze Vokale

> **Erinnere dich**
>
> Ein einzelner Konsonant, der auf einen kurzen betonten Vokal in einem Wortstamm folgt, wird verdoppelt.
> **Beispiele**: Ra*tte*, Ka*mm*er, Ba*ll*, Su*pp*e

1. Der Text enthält einige Fehler. Unterstreiche die falsch geschriebenen Wörter und notiere neben den Wörtern, was du verbessern musst.
2. Kontrolliere deine Verbesserungsvorschläge mithilfe des Lösungsbogens.
3. Führe ein Laufdiktat durch.
4. Kontrolliere dein Diktat.

Benimkurse sollen Jugendlichen helfen, sich beser beim Bewerbungsgespräch zu verkaufen

Den Acht- und Neuntkläslern der Thomas-Mann-Gesamtschule wurde in der Projektwoche am Ende des Schuljahres dieses Jahr ein besonderes Angebot gemacht: Statt der sonst üblichen Angebote wie Ballspiele, Kunstprojekte, Kochkurse und Ähnliches hatten die Jugendlichen auch die Möglichkeit, einen Benimkurs zu belegen. Denn wie Martin Pfeiffer, ein Lehrer der Thomas-Mann-Gesamtschule, berichtet, fält es einem Teil der Jugendlichen imer schwerer, sich angemessen bei der Arbeit mit anderen und vor alem bei Vorstelungsgesprächen zu verhalten. Deshalb solle den Jugendlichen, die diesen Kurs belegt haben, vermitelt werden, wie man sich in solchen Situationen richtig verhält. Den viele Jugendliche seien inerlich völig verunsichert, wen sie eine Einladung zu einem Bewerbungsgespräch erhielten oder sich bei Grupenarbeiten in einem Assessment-Center bewähren müssten. Das fange schon bei der Frage nach einer formvolendeten Bekleidung für das Bewerbungsgespräch an. Die Jugendlichen können diese Situationen in Rolenspielen erproben und darüber hinaus üben, wie man sich ordentlich bei Tisch verhält. Die teilnehmenden Jugendlichen Lara, Franziska, Jonas, Emre und Leon bewerteten den Kurs als interesant und sinvoll, da sie nun genauer wüssten, worauf es auf dem Arbeitsmarkt ankommt.

Fremdwörter mit „th", „rh" und „ph"

> **Erinnere dich**
>
> Bei Fremdwörtern wird der T-Laut oft als „th", der R-Laut oft als „rh" und der F-Laut oft als „ph" geschrieben.
> Im Zweifelsfall solltest du im Wörterbuch nachschlagen!
> **Beispiele**: Thron, Rheuma, Pharao

1. **In dem Text sind einige Fremdwörter falsch geschrieben. Unterstreiche die falsch geschriebenen Wörter und notiere neben den Wörtern, was du verbessern musst.**
2. **Kontrolliere deine Verbesserungsvorschläge mithilfe des Lösungsbogens.**
3. **Führe ein Laufdiktat durch.**
4. **Kontrolliere dein Diktat.**

Thermalbad in Wildsachsen bietet Wellness für Jugendliche an

„Hast du heute auch schon im warmen Wasser relaxt?", mit dieser retorischen Frage versucht das Thermalbad Wildsachsen, Jugendliche auf sein neues Angebot aufmerksam zu machen. Denn dort werden jetzt Wellnesskurse für Jugendliche von Physioterapeuten angeboten. So können Jugendliche zum Beispiel Wassergymnastik im Schwimmbad machen, wobei sie sich im Rythmus zu moderner Popmusik im Wasser bewegen können. Dabei sind natürlich Entspannungsphasen im warmen Whirlpool mit inbegriffen. Auf diese Weise können sich die Jugendlichen von dem ganzen Stress und Teater im Alltag erholen und die ruhige Atmosphäre im Schwimmbad genießen. Denn im beruhigenden Wasser liegend vergisst man schnell den Ärger über den letzten katastrofalen Physiktest oder anderes. Wem das pure Relaxen jedoch zu langweilig ist, dem stehen außerdem etliche Fitnessgeräte im Kellergeschoss zur Verfügung, an denen er seinen Bewegungsdrang, unterstützt durch sympatische Hintergrundmusik, freien Lauf lassen kann. Erfrischungsgetränke gibt es an der Teke im Fitnessraum. Es ist also an alles gedacht, damit sich die gestresste Jugend erholen kann, für die Wellness zu einem immer wichtigeren Tema wird.

Lösungen Fehlerdiktate

Groß- und Kleinschreibung, S. 82

Sehr geehrter Herr Schmidt,

vielen Dank für **Ihr** Angebot, das **Sie** unserer Klasse für den **Besuch** des Freizeit-Spaß-Parks geschickt haben. Wir haben es **gestern Morgen** in der Klassenlehrerstunde allen vorgelesen. Alle aus der Klasse waren sich sofort darin einig, dass der Besuch Ihres Freizeit-Spaß-Parks genau das **Richtige** für unseren Wandertag am Montag in zwei Wochen ist und wir uns nichts **Aufregenderes** vorstellen können. **Wir** könnten dann am **Montagmorgen** kommen und bis nachmittags bleiben. Denn das **Ausprobieren** von verschiedenen Attraktionen, wie zum Beispiel eine Fahrt mit der Wildwasserbahn, erscheint uns spannender als das Wandern durch einen Wald, das kaum etwas **Interessantes** für uns bietet. **Außerdem** ist der von Ihnen angebotene Gruppentarif von sechs Euro pro Kopf nicht zu teuer. Trotzdem möchten wir Sie noch um eine **Kleinigkeit** bitten: Wäre es **Ihnen** möglich, uns neben den **Eintrittskarten** für jeden einen Übersichtsplan des Parkgeländes zur **Ansicht** mitzuschicken? Denn so können wir uns vor dem **Betreten** des Parks überlegen, wohin wir gehen wollen und uns den Weg dahin heraussuchen.

Wir bedanken uns schon jetzt für **Ihre** Bemühungen.

Mit freundlichem Gruß
Sara **Goldmann** und **Lena** May

Getrennt- und Zusammenschreibung, S. 83

Sozialstunden – Ein sinnvoller Weg, Jugendliche wieder auf den richtigen Weg zu bringen?

Inga ist wiederholt **schwarzgefahren**, Jonas und Fabian haben zusammen an zehn Autos die Antennen demoliert, Ferhat hat wiederholt in der Schule **blaugemacht** und Nena ist beim Diebstahl von Süßigkeiten erwischt worden. Alle fünf sind mit dem Gesetz in Konflikt geraten. Diese Tatsache kann man nicht **schönreden**. Deshalb wurde durch das Gericht **festgelegt**, dass alle fünf Sozialstunden in einem Altenheim ableisten sollen. Dort mussten die Jugendlichen Tische **richtig stellen**, Stühle **hoch stapeln**, Flure fegen, lose Fußleisten befestigen, Lebensmittel in die Küche tragen und **kalt stellen**, sofern erforderlich. Besonders Sauberkeit wurde in dem Altenheim großgeschrieben, dies hatte die Heimleitung keinesfalls **offengelassen**. Nach Angaben der Jugendlichen sind ihnen diese Arbeiten nicht **schwergefallen** und die fünf fanden es immerhin gut, dass sie von einigen Heimbewohnern dafür gelobt wurden. Außerdem beteuerten die Jugendlichen, von nun an Ehrlichkeit für sich **großzuschreiben**, da sie nicht noch einmal zu solch einem Arbeitseinsatz verdonnert werden wollen. Sozialstunden können also durchaus ein sinnvoller Weg sein, um Jugendliche wieder auf den richtigen Weg zu bringen.

Lösungen Fehlerdiktate

S-Schreibung, S. 84

Ist an Schulen Medienkunde als neues Schulfach notwendig?

Die Berliner Schulverwaltung stellte gestern Überlegungen an, ob an den Schulen das Fach Medienkunde als neues Unterrichtsfach eingeführt werden sollte. **Das ließ** gestern der Sprecher der Schulverwaltung verlauten. Doch ist **das** wirklich erforderlich, **dass** das Fach, **das** die Jugendlichen im Umgang mit dem Internet fit machen und vor dem **Missbrauch** ihrer persönlichen Daten schützen soll, an sämtlichen Schulen eingeführt wird? **Anlass** für den Vorschlag der Schulverwaltung war eine **übermäßig** hohe Rechnung, die ein Jugendlicher aus Zehlendorf für einen Musikdownload im Internet bezahlen musste. Dieser hatte die Musik im Glauben heruntergeladen, **dass** der Download kostenlos sei.

Cybermobbing wäre ein weiteres Argument für ein solches Fach. Mobbing im Internet verursacht bei betroffenen Jugendlichen extrem **großen** Stress. **Außerdem** muss man Jugendliche vor sexuellem **Missbrauch** schützen, der im Zusammenhang mit Internetbekanntschaften aufgetreten ist. **Schließlich** ist die exzessive Internetnutzung zu nennen, die zu sozialer Vereinsamung führen kann. Es gibt also eine Menge Gründe, die für das Fach Medienkunde sprechen. Eine **interessante** Frage wird nur sein, ob die Lehrkräfte in fachlich angemessenem **Maße** mit den Jugendlichen mithalten können.

Ähnliche Konsonanten, S. 85

Trend bei Jugendlichen, sich bis zum Koma zu betrinken, hält sich **hartnäckig**

Trotz aller Bemühungen von Politik und Gesellschaft hat es sich bisher als schwierig erwiesen, Jugendliche von übermäßigem Alkoholgenuss abzuhalten. Nach wie vor ist es bei Jugendlichen angesagt, sich **heimlich** von ihrem **Taschengeld** irgendwo – da ist ihnen kein Weg zu **weit** – irgendein hochprozentiges **Getränk** zu kaufen und sich **anschließend** zum gemeinsamen Besäufnis zu treffen. Dabei wird dann der **Wettbewerb** gestartet, wer am meisten Alkohol vertragen kann, was den Eltern der Jugendlichen bestimmt nicht lieb ist und für die Jugendlichen **problematisch** enden kann. Denn der **Endspurt** beim Alkoholkonsum ist gefährlich, weil er schnell eine heftige Alkoholvergiftung zur Folge haben kann. Im schlimmsten Fall kann das **Trinkvergnügen** sogar zum **Tod** führen, aber auch ein Krankenhausaufenthalt dürfte schon peinlich genug für die **völlig fertigen** Jugendlichen sein. In der Regel sind sie über ihren Filmriss ganz entsetzt und es ist ihnen äußerst unangenehm, wie ein **Säugling** eine Windel um zu haben. Aus all diesen Gründen muss unbedingt nach neuen Strategien gesucht werden, um die Jugendlichen **endlich** vor solchen **entwürdigenden** Erfahrungen zu bewahren.

Lösungen Fehlerdiktate

Gleichklingende Vokale, S. 86

Verdrängen Whiteboards die Tafeln aus den Klassenzimmern?

Inzwischen gibt es die ersten Schulen im Vogelsberg-Kreis, die **anstelle** von Tafeln nur noch **neue** und teure Whiteboards in den **Klassenräumen** haben. Diese elektronischen Tafeln müssen die Schüler und Schülerinnen nun **täglich** vor dem Unterricht hochfahren, damit dadurch im Unterricht kein Zeitverlust entsteht. Danach muss der Computer auch **wieder** heruntergefahren werden. Beides **geschieht** mithilfe einer **Fernbedienung**, die sie sich vorher von einer Lehrkraft holen müssen.

Die Lehrkräfte besitzen alle einen **Spezialstift** zum Schreiben auf dem Whiteboard. **Wider** Erwarten hat sich das Schreiben auf den Whiteboards als nicht so einfach herausgestellt, da man dabei den **Stift** in einer bestimmten Weise halten muss. Etlichen Lernenden **fällt** dies **schwer**. Darüber hinaus sind die Whiteboards technisch sehr empfindlich, sodass in der ersten Schulwoche bereits zwei von **ihnen** kaputt gegangen sind. Manche **Lehrkräfte** haben vorgeschlagen, wieder Tafeln in die Klassenzimmer zu hängen. Es wird wohl noch etwas dauern, bis die Tafeln endgültig aus den Klassenzimmern verdrängt werden – zumal einige Lehrkräfte passiven **Widerstand** gegen die moderne Technik im Klassenzimmer leisten, indem sie auf Overheadfolien schreiben.

Kurze Vokale, S. 87

Benimmkurse sollen Jugendlichen helfen, sich **besser** beim Bewerbungsgespräch zu verkaufen

Den Acht- und **Neuntklässlern** der Thomas-Mann-Gesamtschule wurde in der Projektwoche am Ende des Schuljahres dieses Jahr ein besonderes Angebot gemacht: Statt der sonst üblichen Angebote wie Ballspiele, Kunstprojekte, Kochkurse und Ähnliches hatten die Jugendlichen auch die Möglichkeit, einen **Benimmkurs** zu belegen. Denn wie Martin Pfeiffer, ein Lehrer der Thomas-Mann-Gesamtschule, berichtet, **fällt** es einem Teil der Jugendlichen **immer** schwerer, sich angemessen bei der Arbeit mit anderen und vor **allem** bei **Vorstellungsgesprächen** zu verhalten. Deshalb solle den Jugendlichen, die diesen Kurs belegt haben, **vermittelt** werden, wie man sich in solchen Situationen richtig verhält. **Denn** viele Jugendliche seien **innerlich völlig** verunsichert, **wenn** sie eine Einladung zu einem Bewerbungsgespräch erhielten oder sich bei **Gruppenarbeiten** in einem Assessment-Center bewähren müssten. Das fange schon bei der Frage nach einer **formvollendeten** Bekleidung für das Bewerbungsgespräch an. Die Jugendlichen können diese Situationen in **Rollenspielen** erproben und darüber hinaus üben, wie man sich ordentlich bei Tisch verhält. Die teilnehmenden Jugendlichen Lara, Franziska, Jonas, Emre und Leon bewerteten den Kurs als **interessant** und **sinnvoll**, da sie nun genauer wüssten, worauf es auf dem Arbeitsmarkt ankommt.

Lösungen Fehlerdiktate

Fremdwörter mit „th", „rh" und „ph", S. 88

Thermalbad in Wildsachsen bietet Wellness für Jugendliche an

„Hast du heute auch schon im warmen Wasser relaxt?", mit dieser **rhetorischen** Frage versucht das Thermalbad Wildsachsen, Jugendliche auf sein neues Angebot aufmerksam zu machen. Denn dort werden jetzt Wellnesskurse für Jugendliche von **Physiotherapeuten** angeboten. So können Jugendliche zum Beispiel Wassergymnastik im Schwimmbad machen, wobei sie sich im **Rhythmus** moderner Popmusik im Wasser bewegen können. Dabei sind natürlich Entspannungsphasen im warmen Whirlpool mit inbegriffen. Auf diese Weise können sich die Jugendlichen von dem ganzen Stress und **Theater** im Alltag erholen und die ruhige Atmosphäre im Schwimmbad genießen. Denn im beruhigenden Wasser liegend vergisst man schnell den Ärger über den letzten **katastrophalen** Physiktest. Wem das pure Relaxen jedoch zu langweilig ist, dem stehen außerdem etliche Fitnessgeräte im Kellergeschoss zur Verfügung, an denen er seinen Bewegungsdrang, unterstützt durch **sympathische** Hintergrundmusik, freien Lauf lassen kann. Erfrischungsgetränke gibt es an der **Theke** im Fitnessraum. Es ist also an alles gedacht, damit sich die gestresste Jugend erholen kann, für die Wellness zu einem immer wichtigeren **Thema** wird.

Literatur

Günther Augst/Mechthild Dehn: Rechtschreibung und Rechtschreibunterricht. Eine Einführung für Studierende und Lehrende aller Schulformen. Klett, Stuttgart 2007.

Martina Bellgart/Susanne Gerdes: Spielerisch die Rechtschreibung verbessern, Laufdiktat, Wörterpuzzle und andere Übungen. In: Praxis Deutsch 142 (1997), S. 36–40.

Duden, Die deutsche Rechtschreibung. Duden, Mannheim 2006.

Duden Richtiges und gutes Deutsch, Wörterbuch der sprachlichen Zweifelsfälle. Duden, Mannheim 2007.

Martin Fix: Geschichte und Praxis des Diktats im Rechtschreibunterricht – aufgezeigt am Beispiel der Volksschule/Hauptschule in Württemberg bzw. Baden-Württemberg –. Peter Lang, Europäischer Verlag der Wissenschaften, Frankfurt/Main 1994 (= Beiträge zur Geschichte des Deutschunterrichts, Bd. 17).

Herbert Günther: Schriftspracherwerb und LRS, Methoden, Förderdiagnostik und praktische Hilfen. Beltz, Weinheim und Basel 2007.

Thomas Lindauer/Claudia Schmellentin: Studienbuch Rechtschreibdidaktik, Die wichtigsten Regeln im Unterricht. Orell Füssli, Zürich 2008.

Stephanie Lüthgens: Die Diktatpraxis verändern. In: Deutschunterricht 3 (2005), S. 37–43.

Wolfgang Menzel: Diktieren und Diktiertes aufschreiben. In: Praxis Deutsch 142 (1997), S. 15–26.

Heinz Risel: Arbeitsbuch Rechtschreibdidaktik. Schneider Verlag Hohengehren, Baltmannsweiler 2008.

Norbert Sommer-Stumpenhorst: Lese- und Rechtschreibschwierigkeiten: vorbeugen und überwinden. Cornelsen, Berlin 1993.

Wolfgang Steinig/Hans-Werner Huneke: Sprachdidaktik Deutsch, Eine Einführung. Erich Schmidt Verlag, Berlin 2007.

Notizen

Neue Ideen für einen kompetenzorientierten Unterricht!

Frauke Wietzke
Das Lesetagebuch für jede Lektüre
Strukturierte Vorlagen zur Texterschließung

Dieses Lesetagebuch bietet Ihnen fertig aufbereitete Kopiervorlagen, die auf jede Lektüre übertragbar sind. Die Schülerinnen und Schüler setzen sich anhand gezielter Fragen und Arbeitsanweisungen mit ihrer Lektüre auseinander, entwickeln Lesestrategien und Sprachbewusstheit ebenso wie eine eigene Stellungnahme zum jeweils behandelten Thema. Alle Materialien sind fachdidaktisch auf dem neuesten Stand und so gestaltet, dass die Schüler „ihr" Buch selbstständig lesen und bearbeiten.

Aus dem Inhalt: So gehst du mit dem Lesetagebuch um – Da habe ich etwas für mich entdeckt – So könnte der Text weitergehen

Damit kann man selbst Lesemuffel zum Lesen motivieren!

Mappe mit Kopiervorlagen, 50 Seiten, DIN A4
5. bis 10. Klasse
Best.-Nr. 2679

Xóchil A. Schütz
Slam Poetry – eigene Texte verfassen und performen

Übungsmaterial: Von der Idee bis zum vorgetragenen Text

Sie möchten einen packenden Deutschunterricht geben, der Spaß und Freude an Lyrik, Literatur und Theater weckt und gleichzeitig die sprachlichen Ausdrucksmöglichkeiten Ihrer Schülerinnen und Schüler fördert? Sie wollen auf anschauliche Weise die Kernkompetenzen „Schreiben" sowie „Sprechen und Zuhören" vermitteln? Mit Slam Poetry können Sie Ihre Schüler dazu motivieren, eigene kreative Texte zu schreiben, sie vorzutragen und Bewertungskriterien zu entwickeln. Das umfangreiche und sehr detaillierte Übungsmaterial verschafft den Jugendlichen einen außergewöhnlichen Zugang zu verschiedenen Textgattungen.

Reimen, rappen, rezitieren – so gestalten Sie modernen Literaturunterricht!

Buch, 80 Seiten, DIN A4
8. bis 10. Klasse
Best.-Nr. 3374

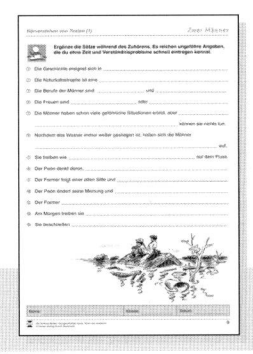

Uta Schulze-Knitter
Kurzgeschichten lesen, hören und verstehen
Literatur unterrichten – Kernkompetenzen vermitteln

Mit diesen sieben ausgewählten Kurzgeschichten bekannter Autorinnen und Autoren motivieren Sie Ihre Schülerinnen und Schüler, sich auf vielfältige Weise mit Literatur auseinanderzusetzen. Zugleich decken die Materialien alle wichtigen Bereiche des Lehrplans ab: Textarbeit, Lese- und Hörverständnis, Sprachbetrachtung, schriftliche und mündliche Stellungnahme. Die professionell eingesprochenen Texte auf CD ermöglichen darüber hinaus einen neuen Zugang zu den Texten. Selbst Schüler, die sich sonst mit dem Gelesenen schwer tun, werden durch die eindringliche Lesung auf die Kurzgeschichten aufmerksam. So macht die Arbeit mit dem Text in Einzel-, Partner- und Gruppenarbeit doppelt Spaß und sensibilisiert die Schüler für Sprache und Literatur.

Aus dem Inhalt: Günther Weisenborn: Zwei Männer, Ilse Aichinger: Das Fenster-Theater, Georg Britting: Brudermord im Altwasser, Wolfgang Borchert: Nachts schlafen die Ratten doch, Wolfgang Borchert: Die Kegelbahn

Neben Textarbeit jetzt auch Hörverstehen schulen – mit Audio-CD!

Buch, 62 Seiten, DIN A4, inkl. CD
8. und 9. Klasse
Best.-Nr. 3244

Arbeitsgemeinschaft der Anni-Braun Schule
Bergedorfer® Screening Zur Sprach- und Lesekompetenz
Informelles Überprüfungsverfahren für das Fach Deutsch

Eine gut ausgebildete Sprach- und Lesekompetenz im Deutschen ist immens wichtig für die weitere Schullaufbahn. Um rechtzeitig geeignete Fördermaßnahmen ergreifen zu können, muss der Leistungsstand der Schüler zuverlässig ermittelt werden. Das Bergedorfer Screening bietet sowohl Hintergrundwissen als auch Tests auf CD für die Klassen 5/6 und 7-9 zur Überprüfung des Hörverstehens, des Leseverstehens, der lexikalischen, synthaktischen und morphologischen Kompetenz und zur Textproduktion. Eine detaillierte Auswertungsanleitung erleichtert eine verlässliche Leistungs- und Entwicklungsprognose.

Der sichere und effektive Weg zur Feststellung der individuellen Sprach- und Lesekompetenz der Schüler!

Buch, 79 Seiten, DIN A4, inkl. CD
5. bis 9. Klasse
Best.-Nr. 3255

Unser Bestellservice:

Das komplette Verlagsprogramm finden Sie in unserem Online-Shop unter

www.persen.de

Bei Fragen hilft Ihnen unser Kundenservice gerne weiter.

Deutschland: 0 40/32 50 83-040 · Schweiz: 052/366 53 54 · Österreich: 0 72 30/2 00 11

Neue Konzepte für Ihren Unterricht!

Brigitte Penzenstadler
Kreativ schreiben
im Deutschunterricht der Sekundarstufe I

Wie können Sie den Schülerinnen und Schülern Spaß am Schreiben vermitteln? Hier bietet das Konzept des integrativen Deutschunterrichts hervorragende Ansätze: Diese Kopiervorlagen ermutigen zu einem kreativen Umgang mit Sprache. Dabei wird nicht nur Wert auf Freude am Texten, sondern auf Logik und sprachliche wie formale Gestaltung gelegt. Der erste Teil des Werks regt zur kreativen Rezeption und Antizipation von Gedichten an. Außerdem fordern spielerische Übungen zum Verfassen eigener Gedichte auf. Im zweiten Teil stehen Textsorten wie Bericht, Fabel, Brief und Stellungnahme im Vordergrund.
Lassen Sie sich überraschen: So perfekt kann integrativer Deutschunterricht funktionieren!

Buch, 88 Seiten, DIN A4
5. bis 10. Klasse
Best.-Nr. 3897

Ute Baader
Eigene Hörspiele schreiben und produzieren

Von der Idee zur CD: eine praktische Anleitung

Das Rundum-Paket zum Thema Hörspiel bietet umfangreiches Informationsmaterial, Arbeitsblätter und Anleitungen. Die Jugendlichen lernen, wie ein Hörspiel entsteht und produziert wird: von der ersten Idee über den Schreibprozess bis zur eigentlichen Produktion. Eine Begleit-CD bietet authentische Hörbeispiele zu Hörspielen, die Schüler produziert haben. Mit diesem Projekt werden wichtige Kernkompetenzen im Deutschunterricht kreativ vermittelt: Schreiben, Sprechen und Zuhören. Außerdem werden Medienkompetenz und Teamfähigkeit geschult.
**Schreiben, sprechen, aufnehmen –
Ton ab für das eigene Hörspiel!**

Buch, 80 Seiten, DIN A4, inkl. Begleit-CD
5. bis 10. Klasse
Best.-Nr. 3330

S. Berthold, R. Diehl, J. Kühne
Methodentraining: Präsentationstechniken

Die Bildungsstandards für das Fach Deutsch fordern im Kompetenzbereich „Sprechen und Zuhören" von den Schülern neben dem freien mündlichen Vortrag auch die Beherrschung unterschiedlicher Präsentationstechniken. Dieses Buch inklusive der CD bietet gut strukturiertes und aufeinander aufbauendes Material zu allen wichtigen Präsentationstechniken. Das Trainingsprogramm kann in verschiedenen Jahrgangsstufen eingesetzt werden. Gut angeleitet durch beispielhafte Übungen und Arbeitsblätter werden die Schüler zunehmend befähigt, Themen und Inhalte sicher vorzutragen: Von der einfachen Personendarstellung über den Vortrag zu einem Sachthema bis zur komplexen Präsentation mithilfe des Computers (PowerPoint) über sie unterschiedliche Methoden. Beispielpräsentationen auf der CD unterstützen die Lernschritte auch medial.
Ob Kurzreferat oder Power-Point-Präsentation – für Ihre Schüler kein Problem!

Buch, 80 Seiten, DIN A4, inkl. CD
5. bis 10. Klasse
Best.-Nr. 3291

Anne Hartmann, Silke Klöver
Deutsch mit schrägen Gedichten und komischen Fotos
Originelle Kopiervorlagen zu Grammatik und Stil

Hand aufs Herz: Grammatik, Wortschatz, Stil sind wenig geliebte Pflichtübungen des Deutschunterrichts. Diese originellen Kopiervorlagen zeigen, dass das auch anders sein kann. Durch die gelungene Verbindung mit schrägen Gedichten und Fotos sind Ihre Schülerinnen und Schüler schon beim Thema, bevor gefürchtete Aversionen überhaupt eine Chance haben. Von sprachlicher Komik amüsiert, reflektieren sie quasi nebenbei, wie der Konjunktiv oder die Vergleichsformen gebildet werden, erkunden die Bedeutung gängiger Fremdwörter und suchen nach Wörtern mit ähnlicher oder gegensätzlicher Bedeutung. Zu den Schreib- und Stilübungen gehört der Umgang mit Märchen genauso wie das Reimen, das Erzählen, das Verfassen eines Steckbriefs oder die Umformung in korrektes Hochdeutsch.

Buch, 96 Seiten, DIN A4
5. bis 10. Klasse
Best.-Nr. M321

Birgit Lascho
Besseres Ausdrucksvermögen im Aufsatz

Arbeitsblätter zu Wortschatz, Sprachstil und Grammatik

Wenn „cool" das einzige Wort ist, mit dem Kids eine Bandbreite an Gefühlen und Wahrnehmungen ausdrücken können, kommen diese anschaulichen Arbeitsblätter zum Einsatz. Ausgehend von typischen Schülerschwierigkeiten beim Verfassen von Texten orientieren sich diese für die 5. bis 7. Klassenstufe konzipierten Arbeitsblätter an klassischen Aufsatzthemen. Sie eignen sich für die individuelle Förderung von leistungsstärkeren wie von leistungsschwächeren Schülern. Die Materialien bieten zudem unterrichtserprobte Tipps, Hinweise zur Binnendifferenzierung und Lösungen zur Selbstkontrolle.
So lernen Schüler, sich schriftlich auszudrücken!

Buch, 88 Seiten, DIN A4
5. bis 7. Klasse
Best.-Nr. 3006

Unser Bestellservice:

Das komplette Verlagsprogramm finden Sie in unserem Online-Shop unter

www.persen.de

Bei Fragen hilft Ihnen unser Kundenservice gerne weiter.

Deutschland: 0 40/32 50 83-040 · Schweiz: 052/366 53 54 · Österreich: 0 72 30/2 00 11